Brigitte GUTHMANN

Pierre THIBAULT

CONVAINCRE GRÂCE À LA MORPHO-PSYCHOLOGIE

Croquis de Renata Lahalle

MARABOUT

SOMMAIRE

Introduction 7

I. Le visage, support de l'art de convaincre . .11

II. Convaincre vos prospects 57

III. Convaincre votre recruteur 101

IV. Convaincre vos collaborateurs 119

V. Développer votre force de conviction 151

Conclusion 213

Bibliographie 217

Table des matières 219

INTRODUCTION

Le besoin de communiquer est un des besoins premiers de l'homme. L'échange avec nos semblables est tout aussi important, pour notre survie, que la nourriture physique. C'est souvent la relation avec l'autre qui nous stimule, nous incite à évoluer, à donner le meilleur de nous-mêmes. Nous avons envie d'être considérés, de sentir que nous sommes utiles aux autres...

Paradoxalement, dans notre société, dite «société de communication», les moments de rencontres authentiques sont de plus en plus réduits. De ce fait, les méthodes qui permettent de communiquer plus rapidement en profondeur se sont développées.

La morpho-psychologie en est une. Elle permet d'identifier la personnalité de chacun dans ce qu'elle a d'unique. Elle repose en effet sur le postulat que le visage est le reflet du psychisme. Quand nous évoluons psychologiquement, notre visage rend compte de ce changement. Notre évolution ne s'arrête pas à la fin de notre croissance biologique. A 20 ans, nous avons le visage que nos parents et notre éducation nous ont modelé. Après 20 ans, nous devenons responsables de notre évolution et donc de notre visage.

Toute relation humaine est influence réciproque. Et ce sont précisément les échanges qui nous permettent d'évoluer et de nous enrichir mutuellement. C'est la diversité des différentes personnalités qui fait la richesse des relations.

Le sujet de cet ouvrage est l'art de convaincre. Pour nous, l'art de convaincre sous-entend qu'il y a deux gagnants, celui qui convainc et celui qui accepte de se laisser convaincre. Tous deux doivent sortir satisfaits et enrichis de la transaction. Aucune relation durable ne peut s'établir dans un contexte où il y a un perdant. La situation se retourne, un jour ou l'autre, contre celui qui a voulu manipuler l'autre. Le respect mutuel est le ciment de toute relation constructive. C'est dans cet esprit que nous souhaitons vulgariser la morpho-psychologie : comme un vecteur de *communication* et de *tolérance*.

Que ce soit en famille ou dans un cadre professionnel, vous avez sans cesse à convaincre : convaincre un ami, votre conjoint, vos enfants... Sur le plan professionnel, vous devez convaincre vos clients de vous acheter vos services, convaincre vos collaborateurs de donner le meilleur d'eux-mêmes...

Intuitivement, vous ne vous y prenez pas de la même façon pour convaincre telle ou telle personne. Vous pratiquez déjà, sans l'avoir formalisé, un art de convaincre différencié, tenant compte de la personnalité de vos différents interlocuteurs. Avec certaines personnes, vous trouvez facilement les arguments appropriés. Avec d'autres, vous rencontrez quelques difficultés. Vous avez l'impression que «le courant ne passe pas» aussi bien. Leur personnalité est trop différente de la vôtre. C'est là qu'une méthode peut vous aider.

Par ailleurs, étant donné l'abondance des produits et des services offerts sur le marché, dans un contexte où la compétition fait rage, le client se montre de plus en plus exigeant et les entreprises doivent avoir des collaborateurs de plus en plus réactifs et motivés. Vous avez d'autant plus de chances de réussir à convaincre vos clients et à motiver vos collaborateurs que vous savez rapidement identifier leurs besoins respectifs. Un client satisfait est un client fidélisé. Un collaborateur heureux s'investit pleinement dans l'entreprise et y déploie pleinement son potentiel. Chaque client et chaque collaborateur ayant, de par leur personnalité, des motivations différentes, vous ne pouvez pratiquer que *des interventions «sur mesure»*.

Pour convaincre, il est nécessaire de connaître précisément les attentes et les motivations de votre interlocuteur. Cela nécessite du temps par les méthodes habituelles. La morpho-psychologie vous donne la possibilité de les identifier très rapidement. Elle vous permet ainsi d'instaurer, dès les premières minutes, un contact de qualité avec vos partenaires. Vous êtes en mesure de les satisfaire pleinement et ainsi de les motiver, en retour, à mobiliser leur énergie, leur intelligence et leur créativité dans la relation.

Il vous arrive également, parfois, de ressentir le besoin de vous convaincre vous-même... Dans cette époque de transformation complète, il nous est plus que jamais nécessaire de croire en ce que nous faisons et d'être convaincant. Vous n'êtes en mesure de convaincre autrui que si vous êtes vous-même convaincu. C'est précisément là qu'intervient la confiance en soi. Elle constitue le ciment de votre force de conviction. Il est important de la faire grandir pour développer votre capacité à convaincre. Cela passe par la connaissance de vous-même, de vos aptitudes, de vos motivations. La morpho-psychologie s'avère, là encore, un outil parfaitement adapté. En effet, elle vous permet de vous connaître en profondeur et d'accéder à vos propres motivations, conscientes et inconscientes.

Dans cet ouvrage, nous développerons la méthode pour convaincre un client en fonction de sa psychologie. Nous verrons ensuite la façon de convaincre un recruteur, selon sa personnalité et les valeurs qu'il privilégie. En effet, l'évolution de la vie économique semble indiquer que vous devrez de plus en plus, à plusieurs moments de votre vie, démarcher des employeurs potentiels et les convaincre de vos compétences. C'est donc un savoir-faire qu'il est pertinent d'acquérir. Ensuite, nous nous intéresserons à l'art de convaincre des collaborateurs, pour les motiver, les stimuler, obtenir leur adhésion... Enfin, nous vous proposerons de développer votre capacité à convaincre, non plus seulement par des savoir-faire à mettre en œuvre, mais par un savoir-être reposant sur une meilleure connaissance de vous-même.

L'essentiel des connaissances en morpho-psychologie sera exposé dans le premier chapitre : *Le visage, support de l'art de convaincre*. Cette base de connaissances vous permettra de convaincre tout interlocuteur, qu'il soit votre prospect, votre collaborateur ou la personne qui vous recrute. Deux apports de connaissances complémentaires vous seront donnés dans les chapitres ultérieurs, en relation avec des applications spécifiques.

Ainsi, dans le chapitre *Convaincre vos collaborateurs*, vous aborderez le domaine de l'affectif. Cette information vous permettra de mieux motiver vos collaborateurs au quotidien.

Le chapitre *Développer votre force de conviction* donnera lieu à un exposé plus approfondi sur les aptitudes intellectuelles et de réalisation. Nous y ferons l'analyse d'un certain nombre d'obstacles psychologiques à la communication. Ce dernier apport vous permettra de mieux vous connaître et de développer une meilleure écoute d'autrui.

CHAPITRE 1

Le visage, support de l'art de convaincre

Dans ce chapitre, nous traiterons de l'observation du visage. Nous aborderons les éléments de connaissance nécessaires et suffisants pour que vous soyez en mesure de convaincre un prospect et de vendre, avec les meilleurs chances, votre candidature à un recruteur. Mais avant d'en entamer l'exposé, nous vous proposons de faire l'expérience ci-dessous.

◆ *Essayez d'effectuer, de mémoire, la description du visage d'une personne que vous côtoyez régulièrement (une personne à qui vous pourrez ultérieurement demander de vous donner sa photo) : qu'est-ce qui vous frappe dans son visage? De quels traits vous souvenez-vous? Mettez-le par écrit.*

Surtout, gardez précieusement votre rédaction car elle vous permettra de mesurer vos progrès ultérieurement !

Demandez à présent à une autre personne qui la connaît également de vous la décrire. Notez ce qu'elle vous dit. Vos descriptions sont-elles proches ou divergentes ? Si elles sont divergentes, sur quels éléments les différences d'appréciation portent-elles?

Vous avez probablement remarqué que l'une et l'autre des descriptions manquent de précision. Il est vrai que, spontanément, nous dégageons une impression d'un visage plus que nous n'en observons les caractéristiques, sauf dans le cas où un trait marquant apparaît, telles des taches de rousseur, une moustache...

Il nous est facile également de restituer la coiffure et la couleur des cheveux. C'est une donnée, cependant, qui ne caractérise pas la personnalité profonde d'un individu, car elle peut être modifiée quasi instantanément sans que la personnalité change.

Vous vous êtes sans doute aperçu que les observations faites par vous-même et par les autres personnes étaient parfois contradictoires et révélaient des points de vue différents, des critères d'appréciation divergents. Des observations spontanées sont en effet teintées de la subjectivité de chacun.

Nous privilégions souvent les aspects que nous avons envie de voir ou dont nous avons peur : «Il a une tête sympathique», «Il a un air méchant»... Nous dirons aussi : «Je ne l'ai pas senti» ou «Le courant est bien passé entre nous».

Certes, notre intuition nous guide correctement dans bien des situations, mais elle nous amène aussi parfois à faire des erreurs, qui portent plus ou moins à conséquence. Pour qu'elle devienne véritablement notre alliée et qu'elle nous fournisse des informations fiables, il nous faut l'éduquer.

C'est précisément le travail que nous vous proposons d'effectuer ensemble :

- *Dans un premier temps, pour plus d'efficacité, nous vous demanderons de mettre de côté vos impressions subjectives* afin de vous centrer sur les critères d'observation que nous vous proposons.

- *C'est dans un deuxième temps qu'il sera intéressant de réintégrer vos intuitions* qui seront alors enrichies de données mesurables et transmissibles. Vous verrez alors que cela vous permettra d'atteindre une plus grande efficacité dans l'art de convaincre autrui. Vous constaterez également que votre ouverture au contact et votre tolérance se développeront.

1. Comment s'observe un visage ?

Le visage s'observe toujours de face et de profil, dans ses 3 dimensions : hauteur, largeur et profondeur.

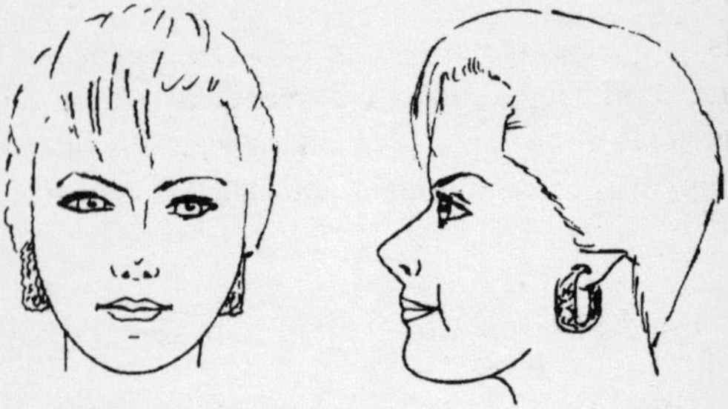

***Croquis 1** :*

On regarde toujours un visage de face... *...et de profil.*

On y observe 3 ensembles : les récepteurs, le cadre osseux et les chairs.

1. Les récepteurs — les yeux, le nez et la bouche — sont les instruments de contact de l'individu.

***Croquis 2** : Les récepteurs indiquent nos attentes vis-à-vis d'autrui.*

Vous regarderez toujours en premier les récepteurs de votre interlocuteur car ils constituent les *portes d'entrée de sa personnalité*. Ils indiquent les attentes prioritaires de la personne en matière de communication : certaines personnes aiment la spontanéité, d'autres tiennent à garder une distance certaine, d'autres enfin sont en attente de signes de reconnaissance... Ils constituent le filtre à travers lequel le sujet perçoit l'environnement. Ils permettent ainsi de déduire son degré de *sensibilité*, son *influençabilité*, son niveau de *tolérance*.

Ils vous renseignent sur la façon de *mettre en confiance* votre interlocuteur. Ils vous permettent d'envisager comment vous allez entamer le dialogue et lui faire «ouvrir la porte», mais aussi comment vous allez la refermer.

2. Le cadre osseux reflète la nature profonde d'une personne.

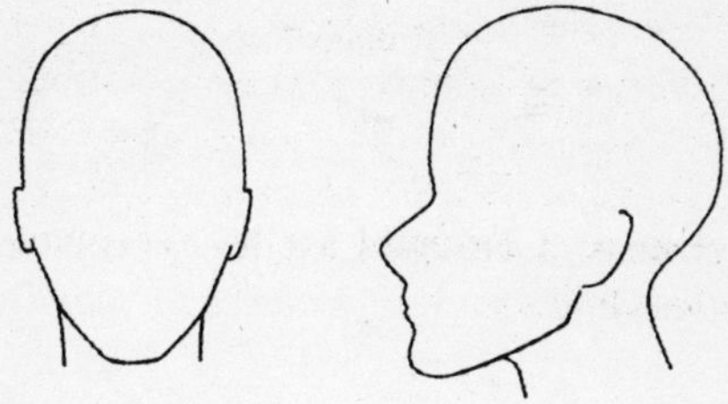

Croquis 3 *: Le cadre reflète nos besoins profonds.*

- Le cadre vous informe sur les besoins les plus profonds d'une personne. Inconscients pour la plupart, ils sont aussi les plus agissants : besoin vital de sécurité, besoin de pouvoir... Les ayant identifiés, vous serez en mesure de *formuler les arguments qui feront véritablement écho* à la personnalité profonde de votre vis-à-vis.

• Le cadre est divisé en différents étages qui vous permettent d'apprécier de façon plus fine la vie intellectuelle d'un sujet, sa vie affective et sa vie physique.

L'observation des différents étages vous aidera également à trouver le *domaine dans lequel une personne est le plus à l'aise et là où elle est peut-être moins habile*. C'est au front et à la mâchoire que vous identifierez les aptitudes intellectuelles et les aptitudes de réalisation.

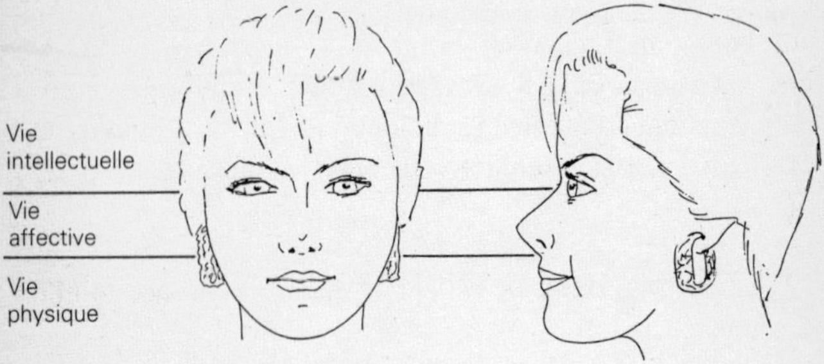

***Croquis 4** : Le visage s'étudie en 3 étages.*

3. Les chairs situées entre les os et la peau indiquent *la façon dont un sujet gère ses tensions à un moment donné.*

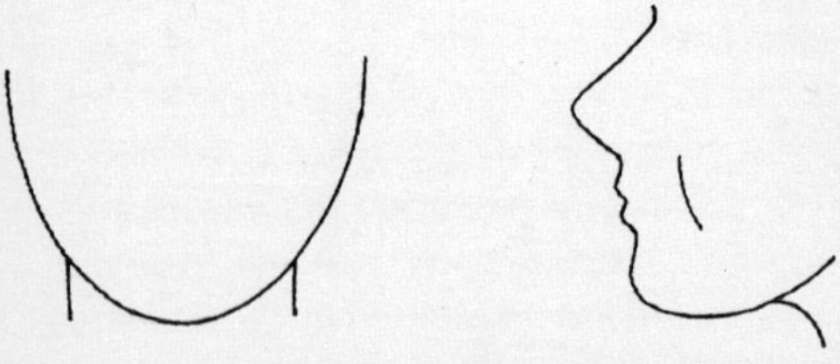

***Croquis 5** : Les chairs sont des indicateurs de stress.*

Le degré de tonicité des chairs permet de mesurer la sensibilité d'une personne au moment du contact. C'est aussi l'élément du visage qui se modifie le plus vite. Il ne faut donc pas en tirer de conclusion définitive. Cette information vous permettra cependant de *doser vos interventions* et de *connaître l'énergie disponible de la personne*.

◆ *Nous allons reprendre successivement chacun de ces ensembles pour en présenter les critères d'observation et en extraire la signification. Vous disposerez ainsi des moyens pour devenir «maître» dans l'art de convaincre.*

2. Les récepteurs, portes d'entrée de la personnalité

Les récepteurs constituent les «portes d'entrée» de la personnalité. Ils vous révèlent les a priori d'un individu et vous renseignent sur la façon dont vous allez être perçu.

Etes-vous indésirable et dérangeant, inquiétant mais peut-être intéressant, ou représentez-vous une occasion de parler pour le plaisir du contact ?

Le temps que vous allez passer sur le palier dépend de ce que vous représentez pour l'autre, avant qu'un dialogue ne soit engagé. L'observation des récepteurs vous permettra de trouver la clef qui vous ouvrira la porte.

7

9

Vous pouvez avoir les nouvelles les plus extraordinaires à communiquer, si votre interlocuteur ne vous ouvre pas sa porte et n'accepte pas de vous entendre, vous serez impuissant. Si vous l'indisposez, à votre insu, par des paroles ou une attitude qui lui déplaisent, il risque également de vous fermer définitivement sa porte. Cette étape est donc primordiale et elle nécessite une attention toute particulière.

Les récepteurs sont les instruments de contact de l'individu. Ils reflètent la manière dont celui-ci perçoit les situations et la façon dont il aime s'exprimer. Ils vous indiquent comment vous êtes perçu et quel type d'échanges vous pouvez instaurer avec lui : ouverts, chaleureux ou restreints et ciblés.... C'est ainsi que vous pourrez en déduire comment établir un contact positif avec lui.

◆ *Nous allons d'abord voir comment observer les récepteurs et comment interpréter leurs diverses formes. Ensuite, nous étudierons les fonctions plus précises de chacun d'entre eux.*

Les 4 mouvements aux récepteurs et leur signification

Nous allons nous centrer sur l'observation des formes des récepteurs, que l'on appelle «mouvements».

Il existe quatre mouvements, dont deux s'observent aisément de face; les deux autres mouvements sont plus faciles à identifier lorsque la personne se présente de trois quarts ou de profil.

◆ ***Un conseil :*** *lors d'un entretien, essayez de faire en sorte de voir à la fois la face et le profil de votre inter-*

locuteur. Par ailleurs, évitez de vous placer à contre-jour, de façon à identifier clairement son visage. Lorsque l'entretien a lieu dans votre bureau, il vous suffit de positionner les sièges de la bonne façon.

Lorsque le rendez-vous se passe ailleurs, il vous faudra user de tout votre savoir-faire pour vous donner l'occasion d'observer votre interlocuteur sous différents angles.

L'observation de face

Les récepteurs sont-ils grands, ouverts, épais ou petits, fermés, fins ?

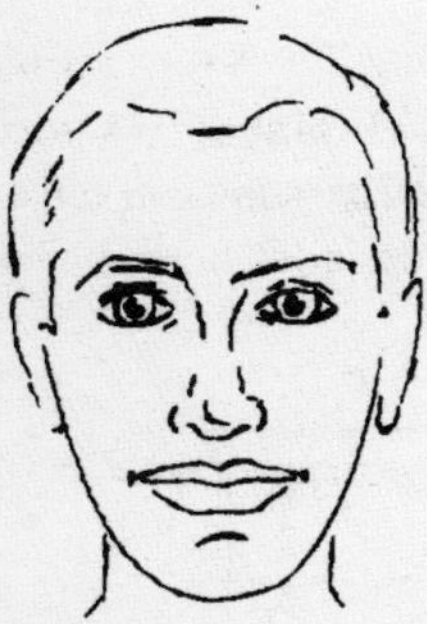

Croquis 6 : *Récepteurs grands, ouverts et épais.*

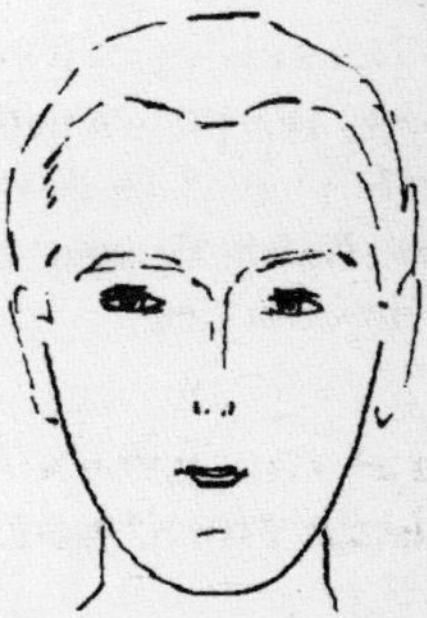

Croquis 7 : *Récepteurs petits, fermés et fins.*

• **Les récepteurs grands, ouverts et épais :** ils occupent une place importante dans le visage. Les yeux sont grand ouverts, leur forme se rapproche d'une sphère. Le nez est long ou charnu.

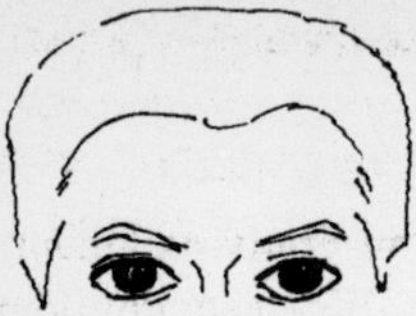

Croquis 8 : *Yeux dilatés.*

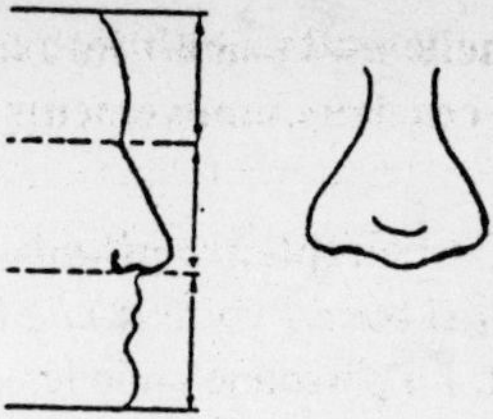

Croquis 9 : *Le nez est long ou charnu.*

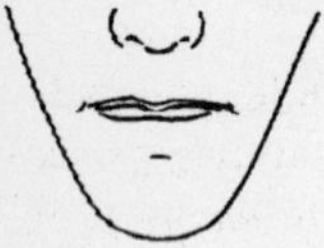

Croquis 10 : *Bouche large.*

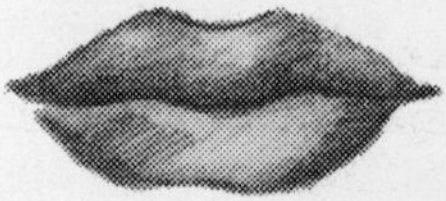

Croquis 10 bis : *Lèvres charnues.*

• **Les récepteurs petits, fermés et minces :** ils occupent peu de place dans le visage. Les yeux sont peu ouverts et petits. Le nez est court et présente des ailes fines. La bouche est étroite et fine.

Croquis 11 : *Yeux rétractés.*

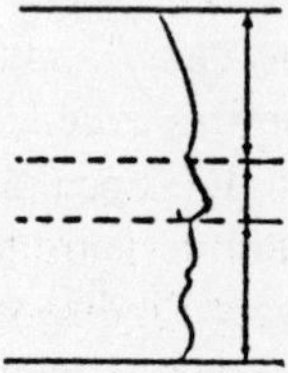

Croquis 12 : *Nez court.*

Croquis 12 bis : *Ailes fines.*

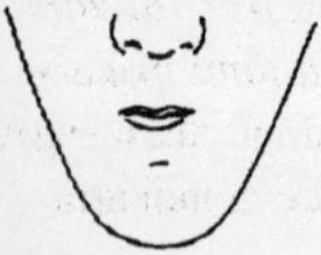

Croquis 13 : *Bouche étroite.*

Croquis 13 bis : *Lèvres fines.*

Quelle est la signification de ces deux mouvements ?

• **Les récepteurs grands, ouverts et épais** indiquent *un a priori ouvert voire confiant*, suivant l'intensité du mouvement. La personne aime les échanges et y prend du plaisir.

Si les récepteurs sont très ouverts, vous en déduirez que votre interlocuteur est de nature tolérante et aurait tendance à faire a priori confiance à ses interlocuteurs.

Cependant, il ouvrira de la même façon la porte à d'autres et rien ne vous dit qu'il ne changera pas d'avis par la suite. *L'accès est facile, mais vous ne l'avez pas encore convaincu et d'autres peuvent le faire aussi bien que vous.*

• **Les récepteurs petits, fermés et minces** reflètent *une attitude pointilleuse de votre interlocuteur qui peut à tout moment se refermer «comme une huître».*

En effet, il a tendance à penser que la communication orale est souvent dangereuse et sujette à distorsions et à déconvenues. Les contacts avec autrui n'occupent pas une place importante dans l'organisation de son temps. Il dialogue plus volontiers avec les personnes qui ont les mêmes principes que lui. Il est peu influençable et généralement peu tolérant. Un détail de votre tenue vestimentaire, une parole mal venue peuvent l'indisposer au point qu'il vous fermera définitivement sa porte et vous ne pourrez le faire revenir sur sa décision.

Quand l'enjeu est important, il écoute très attentivement ses interlocuteurs. Il attend des informations précises. Les moindres détails l'intéressent. Soyez donc très rigoureux dans votre langage et exprimez-vous avec concision.

L'observation de profil

Les récepteurs sont-ils projetés en avant ou abrités ?

***Croquis 14** : Des récepteurs projetés en avant.*

***Croquis 15** : Des récepteurs abrités.*

• La projection des récepteurs :

***Croquis 16** : Les yeux sont à fleur de peau et présentent une forme bombée.*

***Croquis 17** : Le nez est projeté vers l'avant, les narines sont « au vent », l'assiette du nez est soulevée.*

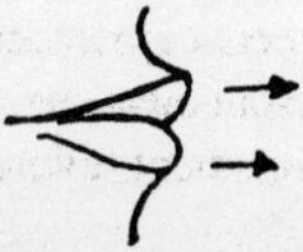

***Croquis 18** : Les lèvres sont en avancée. Elles « rebiquent » toutes deux.*

• **L'abritement des récepteurs :**

Croquis 19 *: Les yeux sont enfoncés dans les orbites.*

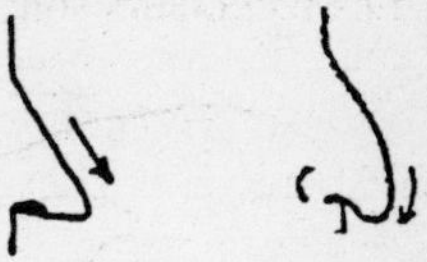

Croquis 20 *: L'arête du nez est droite, voire courbe, et les narines sont protégées.*

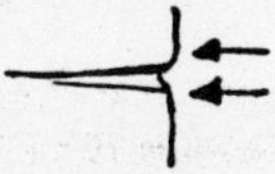

Croquis 21 *: Les lèvres sont en retrait. Elles sont comme « pincées ».*

Quelle est la signification de ces deux mouvements ?

• **La projection des récepteurs** traduit *un a priori de curiosité* de l'individu. Elle le pousse à s'intéresser à tout ce qui est nouveau, tout ce qui bouge, tout ce qui est vivant et le rend avide de toute relation nouvelle.

Lorsque ce mouvement est très intense, la personne a tendance à papillonner à droite et à gauche, à s'éparpiller. Tout l'intéresse et elle a quelque difficulté à se fixer et à opérer des choix. Elle est de plus très perméable aux ambiances et peut difficilement se concentrer sur une tâche lorsque les gens qui l'entourent sont nerveux ou négatifs à son égard. A l'inverse, un environnement favorable peut lui «donner des ailes».

Cet individu ne vous ouvrira sa porte que si vous savez capter sa curiosité par une présentation vivante et chaleureuse. Il a besoin d'un minimum de spectacle car il a gardé un côté «enfant joueur» qui se laisse guider par ses sens. Il aime les surprises, surtout lorsqu'elles viennent de personnes qu'il apprécie. Il a besoin de «sentir» ce que vous lui proposez et d'éprouver de la sympathie à votre égard.

C'est un interlocuteur charmant qui n'aime pas refuser quelque chose à quelqu'un qui lui est sympathique, mais il peut aussi très rapidement changer d'avis. Il faut donc faire très vite car ses «coups de cœur» ne résistent pas toujours au temps. *Il vous faut le saisir au moment où il s'enthousiasme.*

• **L'abritement des récepteurs** est le signe d'une *prudence qui peut aller jusqu'à la méfiance.* Votre interlocuteur a besoin de preuves et, si possible, sur support écrit. Il valorise avant tout l'efficacité. Il a besoin de réfléchir avant toute décision et a horreur d'être bousculé par autrui. Il ne se décide jamais dans la précipitation.

Autrement dit, *prenez-vous-y à l'avance pour commencer à le convaincre*, c'est-à-dire largement avant l'échéance. Il possède un sens aigu du territoire et n'accepte pas que vous pénétriez sur le sien sans qu'il vous y ait invité. Il a besoin que les règles du jeu soient clairement établies pour se lancer. Enclin à la critique, il aura toujours des arguments contraires à vous opposer, d'autant qu'il prend un malin plaisir à tester ses interlocuteurs.

Un interlocuteur bien difficile, pensez-vous. Vous avez raison pour le premier abord. Par contre, le temps travaille pour vous. *Si vous passez avec succès la période de test, il vous sera fidèle à vie.* Il est conseillé de faire précéder votre rencontre par l'envoi d'une documentation bien faite, qu'il aura plaisir à étudier.

Conclusion

Vous avez constaté que ces quatre mouvements, dont nous avons fait le descriptif, sont apparentés deux par deux.

• **Les individus aux récepteurs grands et projetés vers l'avant** sont friands de communication orale et apprécient la chaleur humaine de leurs interlocuteurs. Ils aiment parler et se nourrissent des contacts qui les dynamisent, sous réserve que ceux-ci soient positifs. Une mauvaise ambiance peut les déstabiliser fortement. Ils sont centrés sur la relation et peuvent parler abondamment sans que cela signifie forcément qu'ils ont un intérêt pour l'objet dont vous voulez les convaincre. Ils peuvent se laisser convaincre du seul fait qu'ils vous trouvent sympathique. Ils ont besoin d'exemples concrets pour comprendre. Ils se décident en fonction de ce qu'ils ressentent sur-le-champ. Il est très important de garder régulièrement le contact avec eux car ils vous oublient vite.

• **Les sujets aux récepteurs petits et abrités** privilégient l'analyse et la réflexion. Peu à leur aise dans les contacts directs, ils sont plutôt individualistes. Ils sont surtout centrés sur l'objet de la transaction et possèdent des centres d'intérêt très personnels. Ils ont besoin, pour se repérer, de chiffres et de données précises. Soucieux d'efficacité, ils n'aiment généralement pas perdre leur temps en bavardages inutiles sauf lorsqu'il s'agit d'un sujet qui les passionne. Quand ils se mettent à parler, cela montre un intérêt réel pour ce que vous leur proposez. Le premier contact est toujours difficile avec eux. Vos entretiens doivent être extrêmement préparés car chaque mot, chaque geste va être soupesé par eux. Un mot mal choisi, une attitude mal venue peuvent les amener à se fermer définitivement. Par contre, une fois la confiance établie, ces personnes ne remettront pas facilement en cause la parole donnée et vous seront attachées.

◆ *Remarque : la réalité n'est pas toujours aussi simple. Nous avons tous plusieurs mouvements à chacun de nos récepteurs. C'est aussi ce qui nous permet de nous adapter à diverses situations.*

Lorsque ces mouvements sont de la même famille (par exemple, ouverture et projection), il est aisé d'en déduire le comportement adapté. Mais il arrive aussi que nous ayons affaire à des associations de mouvements contradictoires. C'est ainsi que vous pouvez observer des récepteurs à la fois petits et projetés en avant, ou simultanément grands et abrités. Il vous faudra alors jouer sur les deux tableaux. Dans le premier cas, l'aspect vivant et spectaculaire de votre entrée en matière devra nécessairement rester dans des normes conventionnelles, de manière à ne pas choquer la personne. Dans le second, il vous faudra penser à fournir les preuves que la personne attend, même si le contact est sympathique et chaleureux...

Par ailleurs, l'ensemble des récepteurs ne présente pas toujours des mouvements homogènes. C'est ainsi qu'un visage peut avoir des yeux et un nez petits et abrités, alors que la bouche est charnue et projetée vers l'avant, et inversement.

C'est l'objet de la transaction qui va déterminer quels sont les récepteurs les plus concernés. Chacun d'entre eux préside à un type d'échange particulier. C'est ce que nous vous proposons d'aborder maintenant.

Les fonctions respectives des 3 récepteurs

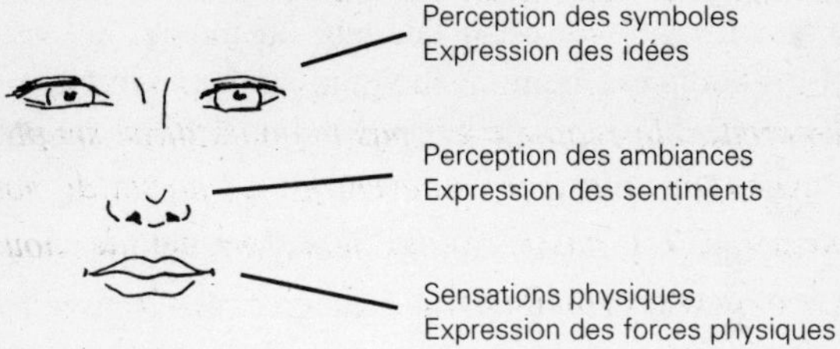

Croquis 22.

• **Les yeux** nous renseignent sur l'*ouverture de la personne en ce qui concerne le domaine des idées* et les *significations symboliques qu'elle attribue aux événements.*

Est-elle prête à remettre en cause son opinion ou possède-t-elle des idées très arrêtées et des principes rigides? Est-elle toujours à l'affût d'idées nouvelles ou se méfie-t-elle de tout ce qui n'a pas encore été validé scientifiquement? De quel type d'informations se nourrit-elle ? Est-elle influençable sur le plan des idées ?

Des yeux grands ou projetés en avant dénotent un plaisir aux échanges intellectuels et sont particulièrement friands d'informations d'actualité. Faites donc en sorte que votre rendez-vous soit l'occasion d'un échange intellectuel riche pour votre interlocuteur : apportez-lui des idées nouvelles, des informations récentes qu'il n'a pas...

Si les yeux sont petits ou abrités, il vous faudra trouver le centre d'intérêt, très spécialisé, dont il aime habituellement parler.

• **Le nez** vous renseigne sur les *échanges affectifs de*

l'individu et indique sa *perméabilité aux ambiances.* Les mouvements qui y sont présents vous permettent de savoir *comment votre interlocuteur se situe par rapport à vous sur le plan de la relation* : est-il heureux ou inquiet de cette rencontre d'homme à homme (homme ou femme) ? Est-il confiant ou bien soucieux de préserver son territoire ? Est-il sensible aux ambiances ?

Un nez grand et charnu dénote un goût des échanges affectifs. Prenez alors le temps d'échanger des nouvelles des uns et des autres.

Un nez court indique une hypersensibilité affective. Des compliments, faits à bon escient, faciliteront les relations.

• **La bouche** correspond à la *façon dont l'individu perçoit sur le plan physique et y déploie son énergie.*

Une bouche charnue traduit une attirance pour les plaisirs de la table. Prendre un repas en tête-à-tête peut décontracter les relations. Mais si les lèvres épaisses appartiennent plutôt au gourmand, des lèvres fines peuvent cacher un gourmet !

La bouche vous informe également sur la *façon dont la personne aime dépenser ses forces et son argent* : généreusement ou avec parcimonie.

◆ ***Dans un contact commercial, vous privilégierez l'observation des yeux et du nez.*** *Lorsque, par exemple, ces deux récepteurs sont petits, vous serez particulièrement vigilant sur les moindres détails de votre présentation.*

◆ *Par contre,* ***si vous êtes responsable sportif*** *et qu'un client vous demande des conseils sur la façon de développer telle ou telle aptitude physique ou sur le sport qui lui conviendrait le mieux, vous observerez nécessairement sa* **bouche***, car c'est elle qui reflète la façon dont l'individu exprime ses forces physiques. En fonction de ses mouvements, vous le dirigerez plutôt vers un sport d'équipe ou individuel, vous privilégierez une activité nécessitant de la force ou de l'endurance...*

Cependant, l'observation des **yeux** *sera également indiquée, car la pratique d'un sport mobilise également l'esprit, et nous savons même que le mental joue un rôle décisif dans les performances physiques.*

◆ ***Quant à l'affectif, reflété par le nez, il va de soi qu'il colore tout le reste, même si l'individu cherche à le nier.*** *Il arrive, en effet, que certaines personnes vous annoncent que, dans telle transaction, il n'est pas question que l'affectif entre en ligne de compte. Or, c'est précisément lorsqu'on la bride le plus que notre émotivité nous pousse à des comportements irrationnels.*

La zone du nez et des pommettes est particulièrement à prendre en compte dans le management*, car l'affectif joue un grand rôle dans les motivations.*

3. Le cadre, réservoir des besoins profonds

Le cadre osseux représente les besoins profonds d'un individu, les plus inconscients. Il est très important de pouvoir les identifier, sinon il peut nous arriver un certain nombre de déconvenues...

Identifier les besoins de son client...

Ces besoins *poussent le sujet à agir*, qu'il en ait conscience ou non. Il les méconnaît souvent lui-même, alors qu'ils constituent des moteurs très puissants. C'est un atout fantastique, pour celui qui cherche à convaincre, que de pouvoir les identifier.

C'est aussi dans le cadre que se situe le *potentiel d'une personne*. Le manager saura mieux ce qu'il peut demander à un collaborateur s'il en tient compte. Vous-même, en prenant conscience de votre potentiel, serez plus à même d'être convaincant.

D'un individu à l'autre, la nature des besoins varie considérablement. Certains individus cherchent la sécurité en toute circonstance ; d'autres ne sont stimulés que par l'aventure et le challenge ; certains sont avant tout centrés sur le passé et les leçons à en tirer ; d'autres ne jurent que par le progrès et les avancées technologiques...

Il est particulièrement important d'identifier les motivations d'un individu pour pouvoir avancer les arguments qui y font écho. Souvent, nous nous contentons d'utiliser des arguments qui nous touchent, sans comprendre que notre interlocuteur n'est pas fait à notre image. Il est courant que certaines personnes soient tellement centrées sur ce qu'elles pensent qu'elles en oublient de s'intéresser à l'identité de leur interlocuteur.

Ce ne sont en aucun cas les caractéristiques de votre proposition qui convaincront votre interlocuteur. Ce sont les avantages que celle-ci peut représenter pour lui. Votre rôle, à vous qui cherchez à convaincre, consiste à mettre en avant ces avantages, qui seront différents d'une personne à l'autre.

◆ *Votre travail va donc consister, systématiquement, quel que soit le contexte, à transformer les différentes caractéristiques de votre proposition en autant d'avantages pour votre interlocuteur. Suivant la morpho-psychologie de ce dernier, vous mettrez en valeur tels arguments plutôt que tels autres. A cette phase, le décryptage des besoins de votre interlocuteur vous sera particulièrement utile. Vous regarderez alors l'ensemble de son cadre. Ensuite, pour affiner votre stratégie, vous observerez les trois étages qui le composent.*

Les 4 mouvements au cadre et leur signification

Comment s'observe le cadre osseux ? En volume, de face et de profil. Quatre mouvements peuvent y être identifiés. Les deux premiers mouvements nécessitent de voir votre interlocuteur de face et de profil car ils mesurent un volume. Les deux autres s'observent en regardant préférentiellement le profil. Vous aurez ainsi deux types de questions à vous poser à chaque rencontre :

L'observation simultanée de face et de profil

• Est-il large ou étroit?

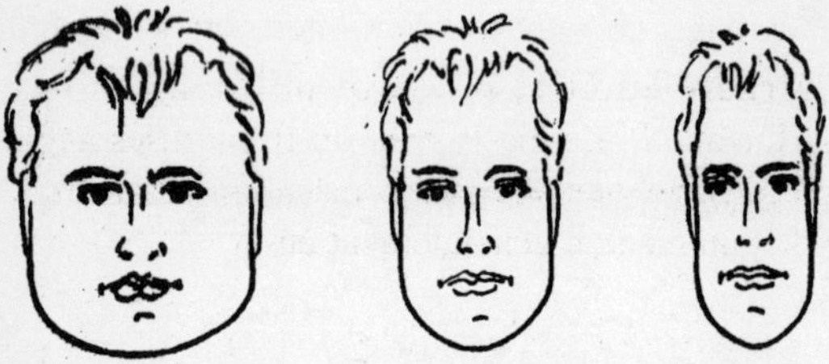

Croquis 23 : *Du cadre le plus large au plus étroit.*

• Est-il profond ou non?

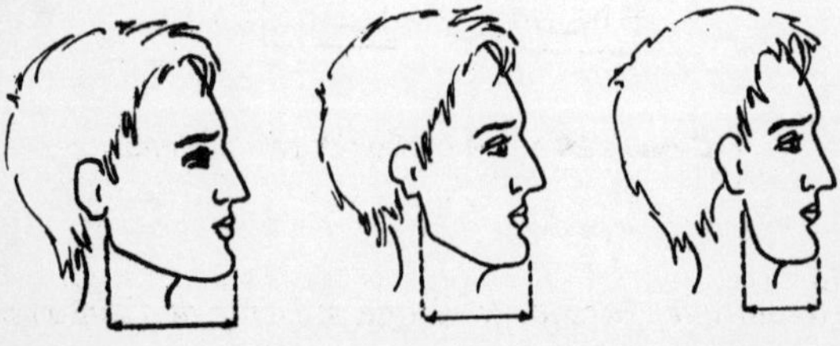

Croquis 24 : *Du cadre le plus profond au moins profond.*

• **Le cadre large et profond** a une forme qui se rapproche, vu de face, d'un carré, lorsque l'on trace un trait reliant le haut du front et les angles des mâchoires. Il présente un «socle» solide, c'est-à-dire un os de la mâchoire solide, bien dessiné (bien visible de profil) et souvent un menton large.

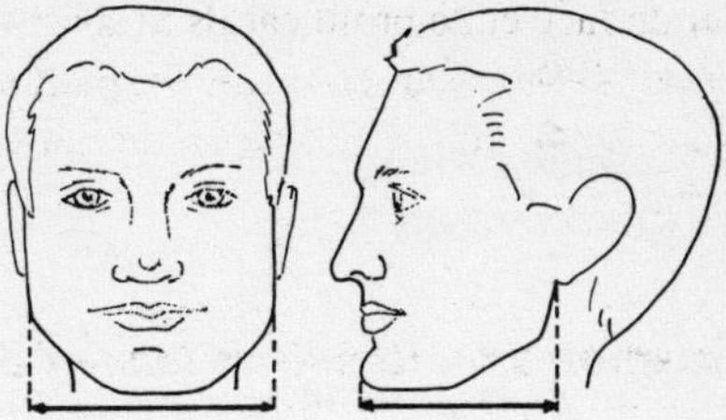

Croquis 25 *: Cadre large et profond.*

• **Le cadre étroit et peu profond** forme un rectangle allongé lorsque l'on relie le haut du front et les angles des mâchoires. Il possède un os de la mâchoire peu marqué, peu profond et un menton généralement étroit.

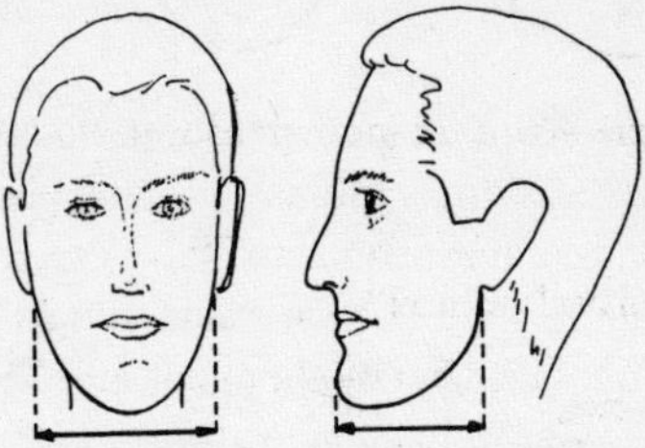

Croquis 26 *: Cadre étroit et peu profond.*

◆ *Remarque : lorsque le visage présente de l'embonpoint, il n'est pas toujours facile de savoir si le cadre est large ou étroit. Pourtant, il est très important de l'identifier car des chairs abondantes n'ont rien à voir avec les besoins profonds de l'individu et peuvent cacher un cadre très étroit. Il peut y avoir, notamment dans ce cas, un très grand décalage entre l'impression que l'individu donne de lui-même et ce qu'il est profondément.*

Quelle est la signification de ces deux mouvements ?

• **Le cadre large et profond** reflète un *besoin de puissance et de pouvoir*. Très à son aise dans le concret, l'individu a besoin d'exercer une emprise concrète sur l'environnement, d'étendre son autorité, de prendre de l'expansion. Possédant de grandes réserves d'énergie, il aime avoir l'occasion de la déployer dans quantité de domaines d'activités. Un collaborateur qui présente un tel cadre a *besoin que lui soit confié un champ d'activités important*, faute de quoi il dépérira.

• **Le cadre étroit et peu profond** traduit le *besoin de sécurité et de qualité*. Moins à l'aise dans les réalités concrètes, l'individu est soucieux que sa sécurité et celle des siens soit assurée avec le plus grand soin. Il est également très épris de qualité. Un collaborateur au cadre rétracté aura *besoin d'un environnement raffiné* pour véritablement s'épanouir. Il s'épuisera vite si son travail est physiquement pénible et l'environnement grossier.

L'observation de profil

Le cadre est-il en avancée ou vertical ?

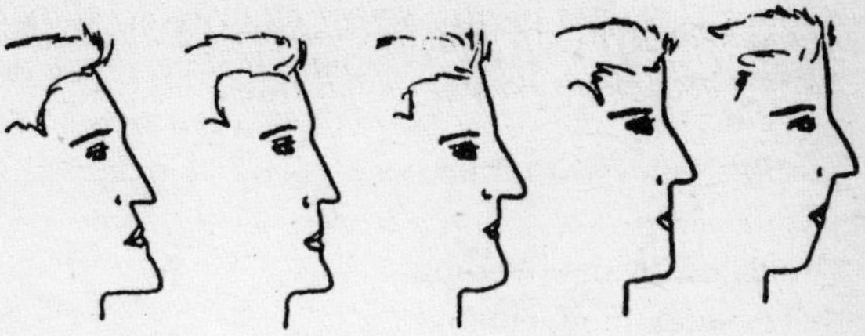

Croquis 27 : *Différents degrés d'avancée et de verticalité.*

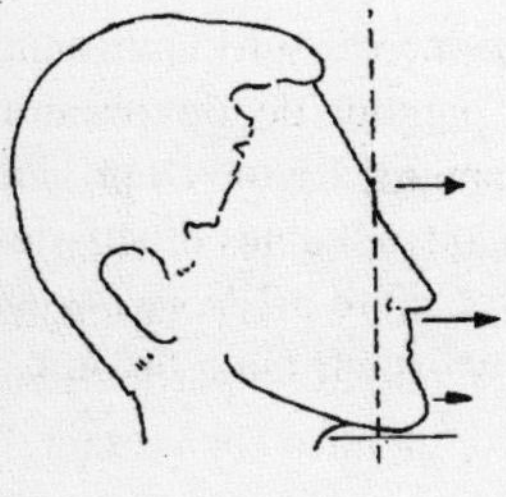

Croquis 28 : *Profil en avancée, « aérodynamique ».*

• **Le cadre en avancée** donne un profil aérodynamique où les parties osseuses avancent. Le front est incliné et tout le bas du visage est en avant de la ligne de profil qui passe par la racine du nez. Ce peut être tout le bas du visage qui avance ou simplement le menton.

• **Le cadre vertical** se manifeste par un front droit et le reste du visage qui se trouve dans l'alignement de la verticale qui passe par la racine du nez. Le menton peut même se trouver à quelque distance en retrait de cette verticale.

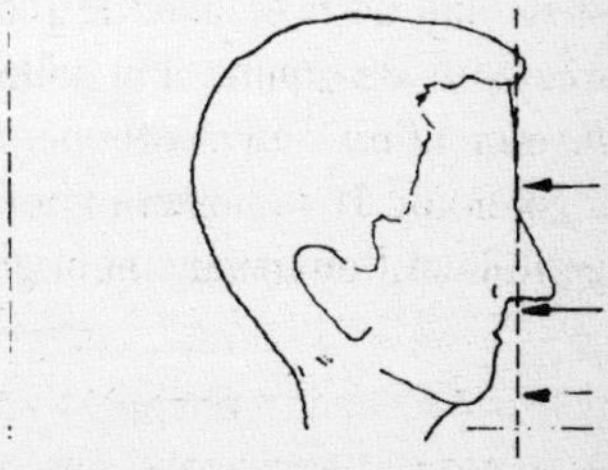

Croquis 29 : *Profil vertical.*

◆ *L'avancée et le retrait peuvent être plus ou moins marqués. L'interprétation devra tenir compte de l'intensité du mouvement.*

Parfois, certaines parties seront en avancée, d'autres en retrait. Ceci est le reflet des contradictions d'une personnalité. Il nous faudra alors comprendre la signification de ces différentes parties du cadre. C'est ce que nous allons aborder un peu plus loin à travers les différents «étages» du visage.

Quelle est la signification de ces deux mouvements ?

• **Le cadre en avancée** est le signe d'un *dynamisme qui pousse l'individu à vouloir toujours aller de l'avant et conquérir de nouveaux domaines*. Il possède un esprit pionnier et se montre particulièrement friand de la nouveauté. Il a fondamentalement besoin de changer, de bouger. Il privilégie la valeur d'utilité en toute chose. Il aime les challenges et les risques. L'examen des différents étages vous permettra de préciser le domaine dans lequel l'individu a particulièrement besoin d'être à la pointe et de se montrer conquérant. Il peut s'agir des idées, des réalisations ou du domaine affectif. C'est une personne qui a *besoin d'un travail varié* et mobile. La routine l'épuise.

• **Le cadre vertical** traduit le *besoin de gérer, de contrôler, de planifier sa vie et ses activités*. L'individu valorise simultanément la mesure et le «sur-mesure». Se fixant des objectifs personnels ou professionnels, il a le souci constant de vérifier qu'ils sont atteints et il attend des autres qu'ils lui fournissent un service qui soit en adéquation totale avec ce qu'il vise, c'est-à-dire un service «sur mesure». Il valorise l'efficacité et la cohérence en toute chose. Il aime prévoir l'imprévu et établir des stratégies à long terme. Il a *besoin d'un cadre* et de règles pour se situer.

EXERCICE 1

➤ Sur cette photo de face et de profil, identifiez les mouvements du cadre de Florian.

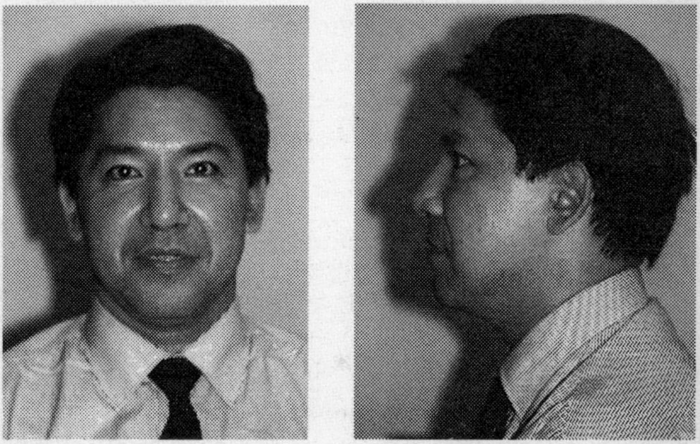

Photo 1 *: Florian.*

Quels sont les besoins fondamentaux de Florian ?

Corrigé p. 56.

Les 3 étages, leurs fonctions respectives et leur dynamique

La fonction de chaque étage

Le visage se divise en différents étages qui reflètent respectivement la vie intellectuelle d'une personne, sa vie affective et sa vie physique et matérielle. L'étage supérieur traduit la façon dont un individu conçoit ses projets, l'étage inférieur indique comment il les réalise. C'est aussi le siège des aptitudes physiques et de réalisation.

• **L'étage supérieur**, notamment la forme du front, nous informe sur la vie intellectuelle d'un sujet. A-t-il besoin de beaucoup d'explications théoriques, pour être convaincu ? Manie-t-il les concepts avec aisance ? A-t-il besoin de beaucoup réfléchir avant de prendre une décision ? Est-il organisé ? Est-il imaginatif ? Dans quel type de tâche intellectuelle est-il le plus brillant?

• **L'étage moyen**, notamment les pommettes, renseigne sur la vie affective et relationnelle de l'individu. Aime-t-il s'occuper des personnes et les prendre en charge ? Est-il préoccupé par l'aspect humain des problèmes ? L'affectif joue-t-il un grand rôle dans ses motivations ? A-t-il un grand besoin de signes de reconnaissance ?

• **L'étage inférieur**, notamment les mâchoires et le menton, reflète la façon dont une personne fonctionne sur les plans physique et concret. Est-elle à l'aise dans les réalisations concrètes ? Aime-t-elle réaliser vite ou lentement ? Son approche de la vie est-elle plutôt concrète ? A-t-elle besoin d'expérimenter elle-même pour être convaincue ? Est-elle friande de faits plutôt que de théories ?

Vie intellectuelle : *comprendre, penser, concevoir, imaginer, faire des projets, acquérir des connaissances, échanger des idées, s'affirmer par ses idées.*

Vie affective : *percevoir les ambiances, exprimer sentiments, émotions, se sentir reconnu, apprécié, aimé, nouer des relations affectives, gérer les contacts affectifs, s'affirmer sur le plan des sentiments.*

Vie physique : *agir, réaliser, percevoir physiquement, exprimer physiquement, gérer ses forces physiques, gérer les biens matériels, s'affirmer par ses réalisations.*

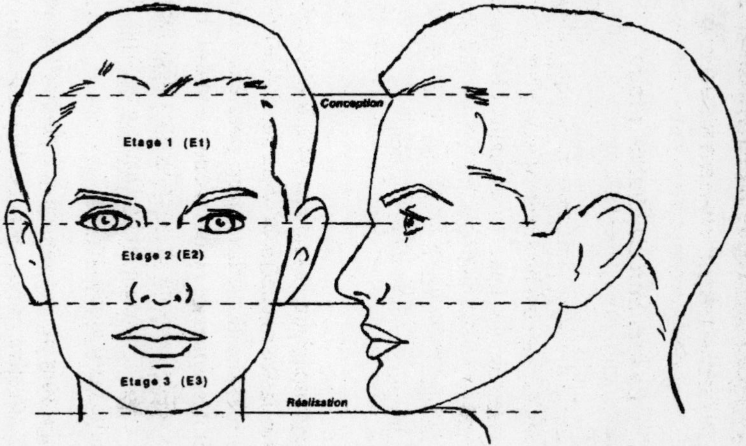

Croquis 30 : *Le visage s'étudie en 3 étages.*

La dynamique des étages

Lorsque vous voulez convaincre, vous vous adressez à la personnalité tout entière de votre interlocuteur. Vous attendez de lui qu'il investisse ses capacités de réflexion, son affectivité et qu'il passe à l'action. Autrement dit, les trois étages du cadre de votre interlocuteur sont concernés.

Or, ils peuvent présenter des caractéristiques spécifiques, reflétées par les mouvements qui y dominent. Vous pouvez observer des oppositions de mouvements entre étages, qui indiquent des rythmes de fonctionnement différents ou une plus grande aisance dans un domaine ou dans un autre.

Votre stratégie doit tenir compte de ces particularités afin d'accompagner de façon adéquate la personne.

- **Les différences de rythmes entre étages**

Cette observation vous permet d'affiner votre argumentation, en ayant situé plus précisément les mouvements d'avancée ou de verticalité du visage.

Si votre interlocuteur présente un front vertical et un étage inférieur en avancée, vous lui montrerez comment, à travers votre proposition, il pourra à la fois mieux contrôler ses objectifs et les réaliser beaucoup plus vite. S'il s'agit d'un de vos collaborateurs, vous saurez également qu'il sera organisé et plutôt lent dans la préparation de son travail et rapide dans l'exécution.

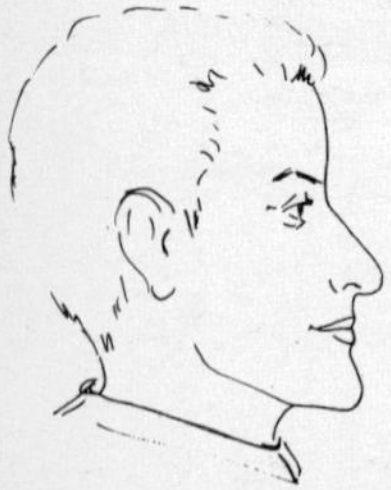

***Croquis 31** : La réflexion est lente, l'action est rapide...*

A l'inverse, si le front est incliné et l'étage inférieur en retrait, vous intéresserez votre prospect en lui montrant com-

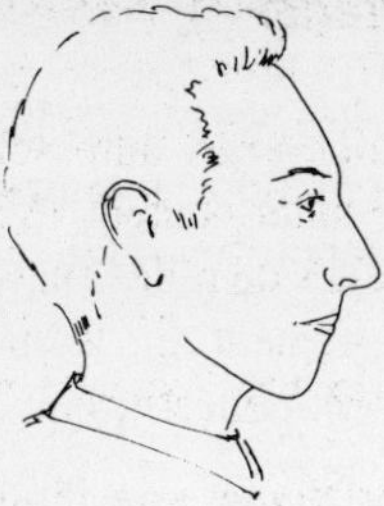

ment il pourra concevoir de nouveaux projets et en gérer parfaitement la réalisation. Si votre collaborateur présente ce profil, vous devez vous attendre à un dynamisme très important sur le plan des projets et à des réalisations plus lentes et plus difficiles.

Croquis 32 *: La pensée est rapide, le passage à l'acte est lent...*

- **Le volume respectif des étages**

Le volume d'un étage par rapport aux autres vous indique le mode de fonctionnement privilégié d'un individu. C'est une des composantes qui permet de savoir si une personne est plus à son aise dans la réalisation concrète ou dans le raisonnement abstrait. Elle permet de trouver le langage le plus approprié pour la convaincre.

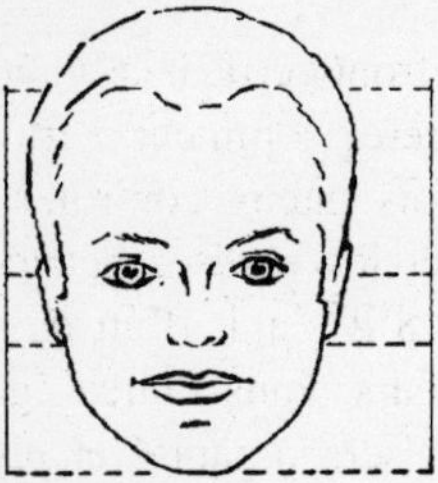

33

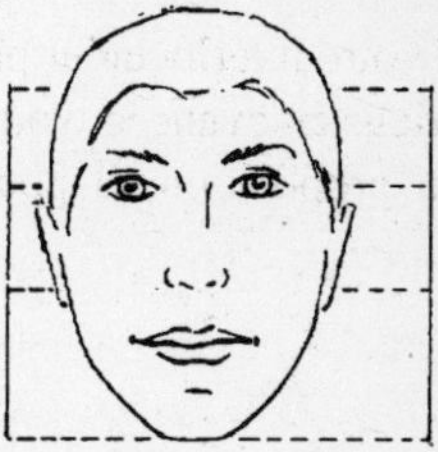

34

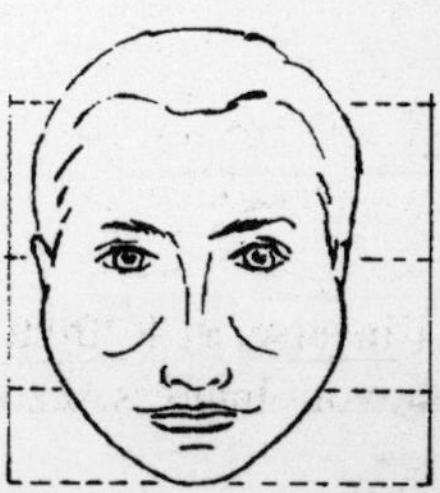

35

Croquis 33 *: Etage supérieur dilaté.*

Croquis 34 *: Etage inférieur dilaté.*

Croquis 35 *: Etage moyen dilaté.*

Lorsque l'étage supérieur est le plus important (croquis 33), l'individu aime réfléchir et est friand d'explications. Il a besoin de comprendre à fond avant de pouvoir s'engager ou démarrer un travail. Il vous faudra prendre le temps de lui fournir les informations dont il a besoin, sinon vous n'obtiendrez rien de lui.

La personne qui possède un étage inférieur volumineux (croquis 34) est plus à l'aise dans la réalisation. Vous lui parlerez faits concrets et lui citerez des expériences pour mieux lui faire comprendre ce que vous attendez d'elle.

La forme du visage en losange (croquis 35) indique un centre d'intérêt marqué pour le relationnel et l'aspect humain des situations. S'il s'agit de votre collaborateur, vous lui expliquerez le contexte relationnel de la mission à accomplir. L'idée qu'il puisse rendre service à autrui constitue un argument qui contribue à le convaincre.

EXERCICE 2

➤ Quel est l'étage le plus développé sur la photo de Ludovic ? Comment allez-vous adapter votre démarche en fonction de cette donnée ?

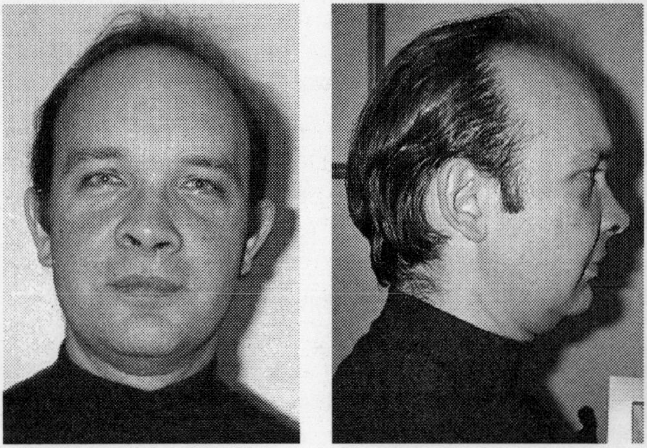

***Photo 2** : Ludovic.*

Vous voulez inciter Ludovic à vous accompagner au cinéma. Quel langage allez-vous utiliser ? Développez votre argumentation.

Corrigé p. 56.

4. Les messages contradictoires récepteurs / cadre : la vigilance s'impose !

Il arrive que les récepteurs et le cadre soient en totale opposition et envoient des messages contradictoires. C'est là que la vigilance doit tout particulièrement s'imposer. Il vous faudra savoir mener alternativement deux stratégies opposées, l'une s'adressant aux récepteurs, l'autre s'adressant au cadre.

Les mouvements qui peuvent ainsi s'opposer sont d'une part la rétraction et la dilatation, d'autre part l'avancée (ou la projection vers l'avant) et la verticalité (ou l'abritement). Ces oppositions récepteurs / cadre portent le nom de «tendances». Il existe quatre tendances :

La tendance réagissante : récepteurs dilatés avec cadre rétracté

Les récepteurs dilatés traduisent *un a priori ouvert et une communication aisée*. En groupe, ces individus semblent infatigables et se déclarent toujours prêts à s'engager dans des activités collectives. Le groupe constitue la source d'oxygène dont ils ont besoin pour avancer. Ils se laissent apparemment convaincre facilement.

Mais attention, leur cadre rétracté indique *un grand besoin de sécurité et une sensibilité de fond*. Ils peuvent paraître convaincus et s'échapper subrepticement quand il s'agit de traduire la décision en acte et de se retrouver seuls dans l'action.

Portrait 1 : *Tendance réagissante.*

Lorsque les récepteurs ne présentent, par ailleurs, ni rétraction, ni abritement, la tendance est au maximum.

Votre interlocuteur redoute de vous déplaire en refusant ouvertement votre offre. Il tente cependant de s'échapper d'une manière ou d'une autre s'il ne se sent pas en parfaite sécurité au sein du projet qui lui est proposé. Il n'a pas vraiment de projet personnel : ce qui est important pour lui, c'est d'être entouré. Il réagit aux stimulations des autres plus qu'il n'agit par lui-même. Son but essentiel est de garder l'affection d'autrui. Il a des difficultés à s'écouter lui-même et à gérer son énergie : il a tendance à la dépenser sans discrimination, du fait de ses récepteurs dilatés, et s'épuise vite. Il alterne ainsi les périodes d'excitation et les moments d'épuisement.

◆ *Ainsi, chez ces personnes, les exigences de sécurité pourront remettre fondamentalement en cause une confiance apparemment établie. Vous pourrez les convaincre si vous savez les rassurer et si vous ne heurtez pas leur sensibilité. Cela vous demandera une vigilance soutenue car rien n'est jamais acquis avec elles.*

La tendance concentrée : récepteurs rétractés avec cadre dilaté

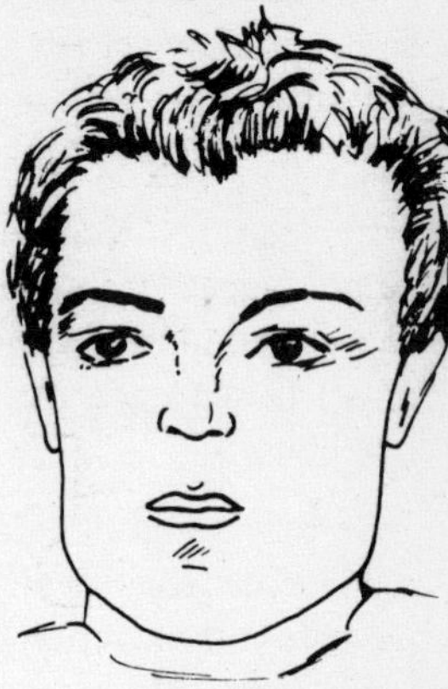

Croquis 36 :
Tendance concentrée.

L'a priori donné par les récepteurs est *pointilleux à fermé*. L'individu, généralement économe en paroles, essaie le plus possible d'éviter ou d'écourter les contacts qui «ne débouchent sur rien d'utile». Il n'a guère de temps pour vous rencontrer.

La façon dont vous allez l'aborder doit être sobre et synthétique. Il vous faut être d'autant plus délicat qu'il redoute que vous ne portiez atteinte à son pouvoir. Il vous soupçonnerait a priori de chercher à «marcher sur ses plates-bandes». En effet, il a *d'importants besoins de pouvoir* et aime se sentir «seul maître à bord». Il possède, par ailleurs, une énergie colossale.

Pour le convaincre, il vous faudra avancer de solides perspectives de résultats et en faire la démonstration concrète. Par contre, une fois qu'il a décidé de s'investir, c'est un individu infatigable, qui ne ménage pas sa peine. C'est également *un grand réalisateur, de surcroît très tenace*, car, du fait de la petitesse de ses récepteurs, il concentre ses efforts dans une direction à la fois et persévère jusqu'à obtention des résultats.

◆ *Il vous faudra souvent beaucoup de temps et de patience pour le convaincre mais, si vous y parvenez, vous serez largement récompensé.*

La tendance pendulaire : récepteurs abrités avec cadre en avancée

Croquis 37 :
Tendance pendulaire.

Son *a priori méfiant* et ses objections continuelles vous donnent l'impression de quelqu'un qui marche à reculons, qui redoute de s'engager.

Derrière cette apparence, se cache *une grande impatience d'agir et un désir irrésistible de s'engager*, dont l'individu a lui-même peur.

S'il vous faut ne pas le bousculer au départ et lui laisser le temps de «poser ses marques», vous devrez inverser totalement votre tactique dans un second temps et le faire s'enthousiasmer par les perspectives de changements, de nouveautés, de challenges. Vous découvrirez alors un individu totalement différent. Cependant, votre conquête ne sera jamais définitive.

◆ *Vous aurez souvent à nouveau à passer par la première personnalité pour retrouver la deuxième. Il passera régulièrement tour à tour des réticences les plus extrêmes à l'enthousiasme le plus fou, comme le mouvement du pendule qui ne s'arrête jamais en son centre mais passe d'une extrémité à l'autre du cadran.*

La tendance pendulaire inversée : récepteurs projetés vers l'avant avec cadre vertical

Croquis 38 : *Tendance pendulaire inversée.*

Votre interlocuteur pourra avoir l'air d'être séduit par votre présentation vivante, par la chaleur de votre convivialité, compte tenu de ses récepteurs.

Vous ne l'aurez pourtant pas convaincu tant que vous n'aurez pas apporté une réponse satisfaisante à ses *exigences profondes de méthode et de rigueur*.

Tout l'attire en apparence, du fait de ses récepteurs projetés. Mais, en réalité, la verticalité du cadre ne se satisfait pas de la dispersion. Ainsi, à un moment ou à un autre, elle va amener l'individu à faire un tri et à éliminer tout ce qui ne correspond pas directement à ses intérêts et à ses objectifs. Pour satisfaire ses exigences d'approfondissement, il renoncera également à tout ce qu'il ne peut raisonnablement pas mener à terme.

◆ *Votre démarche devra nécessairement tenir compte des exigences de cet individu, bien qu'elles n'apparaissent pas nettement au premier contact.*

EXERCICE 3

➤ Observez le visage de Margitta. Présente-t-il une tendance particulière ? Si oui, laquelle ?

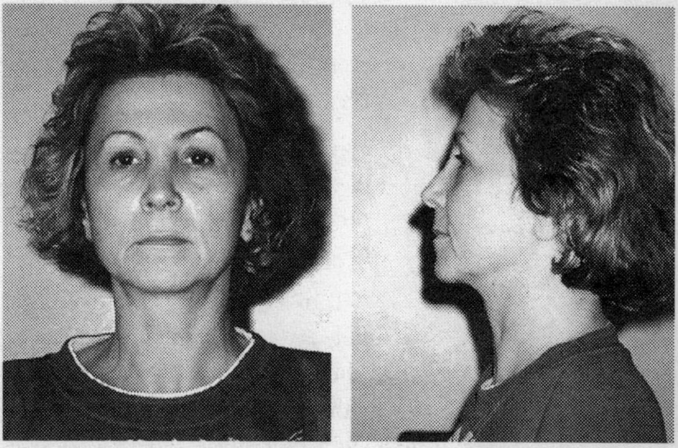

Photo 3 *: Margìtta.*

Corrigé p. 56.

5. Le modelé des chairs, révélateur des tensions

Les chairs sont plus ou moins tendues sur un visage. Elles sont plus ou moins abondantes. Elles sont constituées, dans des proportions différentes, de muscle et de graisse. Il en existe trois sortes.

Le modelé tonique

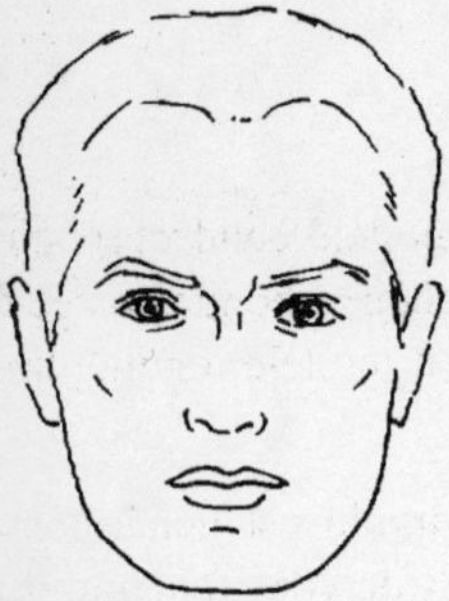

Les chairs sont toniques lorsqu'elles sont musclées et tendues. L'individu a trouvé une forme d'équilibre. Il *s'adapte assez aisément* aux changements. Il peut passer relativement vite de la décision à l'action.

Croquis 39 *: Tonus.*

Le modelé maigre

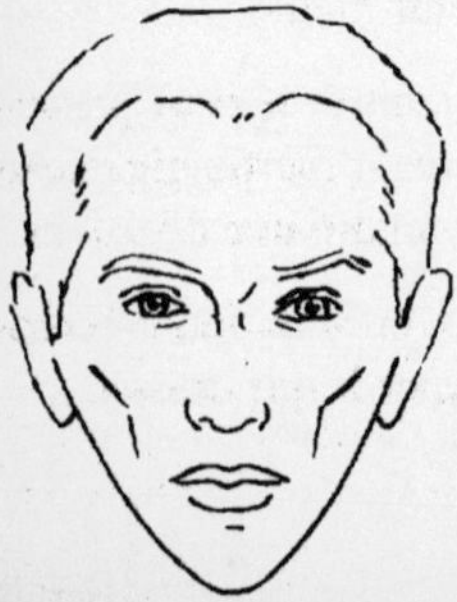

On parle de modelé maigre ou d'«atonie maigre» quand les chairs sont amaigries ou présentent un modelé alternant maigre et gras.

Croquis 40 *: Modelé maigre.*

Elles indiquent que l'individu est tendu et stressé. Il a *tendance à se méfier de tout ce qui vient du dehors*. Avec sa sensibilité à fleur de peau, il survalorise les dangers venant des autres et craint souvent de se faire dépasser par eux. Il s'adapte plus difficilement au changement. *Ses réactions sont souvent très vives* et il peut être sujet à des volte-face inattendues. Il connaît des périodes de «surchauffe» où il s'active à l'excès, mais il peut aussi avoir des passages à vide où il est épuisé.

Lorsque le visage se remplit de façon irrégulière de maigre et de gras, la vivacité des réactions s'amoindrit, mais le stress est toujours présent car le sentiment du danger extérieur demeure.

Le modelé rond

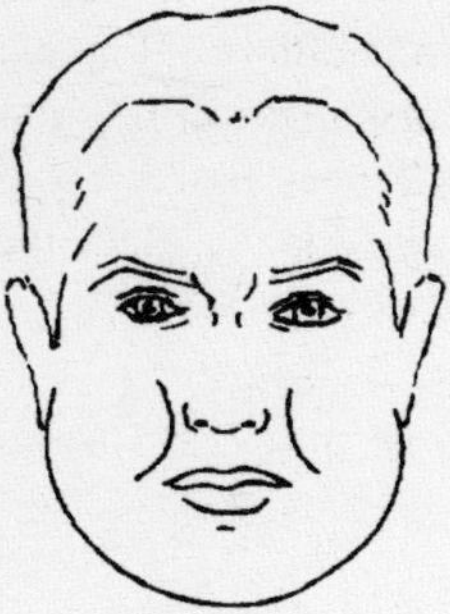

Croquis 41 : *Modelé rond.*

Le modelé rond correspond à des chairs abondantes et formant un modelé régulièrement arrondi.

L'individu est généralement heureux de vous rencontrer car il échappe ainsi à ses problèmes qui ont tendance à le tourmenter quand il est seul face à lui-même.

Par contre, il peut présenter une force d'inertie gigantesque lorsqu'il s'agit de s'engager ou de prendre une décision.

Il a également tendance à se mettre en situation de victime et à subir les événements sans chercher à agir dessus.

◆ *Ainsi, le modelé des chairs indique l'état d'équilibre psychologique dans lequel se trouve un individu à l'instant T. Selon cet état, suivant la façon dont il gère ses tensions à ce moment-là, il sera plus ou moins disponible pour vous entendre et plus ou moins bien disposé à votre égard. Sa capacité à assumer les responsabilités peut s'en trouver affectée, car l'anxiété le perturbe.*

6. Conclusion

À présent, reprenons notre expérience du début de ce chapitre : procurez-vous une photo de face et une photo de profil de la personne que vous aviez décrite de mémoire.

◆ *Observez ses récepteurs et son cadre. Identifiez les mouvements qui y sont présents. Tracez les différents étages. Sont-ils de volume équivalent ou l'un des étages est-il plus important que les deux autres ? Quelles informations vous donne le modelé des chairs ? Une nouvelle compréhension de la personne se fait-elle jour en vous ? Est-elle éloignée de vos intuitions premières ? Où se trouvent les décalages d'interprétations ?*

Nous avons vu les bases de l'observation d'un visage ; nous allons à présent appliquer la méthode aux situations suivantes :

• **Convaincre vos prospects** (chapitre 2, p. 57) : l'enjeu est d'*amener votre prospect à acheter votre service ou votre produit* et de *le fidéliser comme client*. La méthode suit les différentes étapes de la vente et aborde la façon de répondre aux objections, en tenant compte de la personnalité du prospect qui les émet.

• **Convaincre votre recruteur** (chapitre 3, p.101) : votre recruteur, même s'il a un profil de poste défini à pourvoir, va préférer, parmi plusieurs candidats possibles, une personnalité plutôt qu'une autre, en fonction de sa propre psychologie. Il est intéressant pour vous de pouvoir *décrypter sur son visage ses critères de choix*. Vous serez ainsi plus à même d'*adopter l'attitude qui convient* et de mettre en avant tel ou tel aspect de votre expérience.

• **Convaincre vos collaborateurs** (chapitre 4, p. 119) : il s'agit de stimuler et de *dynamiser vos collaborateurs*, l'objectif étant de faire en sorte qu'ils donnent le meilleur d'eux-mêmes pour contribuer à la bonne marche de l'entreprise, tout en y trouvant leur épanouissement. Ce chapitre donnera lieu à un développement sur l'affectif qui constitue un puissant levier de motivation.

• **Développer votre force de conviction** (chapitre 5, p. 151) : votre force de conviction repose sur votre personnalité et votre savoir-être. Ce chapitre vous donnera l'occasion de faire une exploration de vous-même et de *mieux connaître vos aptitudes*. Vous y trouverez l'analyse d'un certain nombre d'obstacles à la communication et des conseils qui permettent de les dépasser.

CORRIGÉ DES EXERCICES

• **Exercice 1 sur photo 1, p. 39.** Le cadre de Florian est en avancée : le front est incliné, les deux étages inférieurs sont en avancée de la ligne de profil qui passe par la racine du nez. Par ailleurs, il est plutôt dilaté car il est large et profond. Florian a un besoin vital d'aller de l'avant, de bouger (avancée) et d'avoir une emprise active sur son environnement (dilatation). Il possède une grande puissance de travail.

• **Exercice 2 sur photo 2, p. 45.** L'étage le plus développé chez Ludovic est l'étage supérieur. Son front est large et haut, même si l'on considère qu'il s'arrête à la racine originelle des cheveux. Ludovic aime réfléchir et rêver. Pour l'inciter à vous accompagner au cinéma, choisissez de préférence un film qui fasse réfléchir ou rêver et expliquez-lui que c'est un film à thèse, bien construit, qui permet d'approfondir ultérieurement toute une réflexion...

• **Exercice 3 sur photo 3, p. 51.** Le visage de Margitta présente une tendance concentrée : ses récepteurs sont petits par rapport à son cadre.

CHAPITRE 2

Convaincre vos prospects

La méthode s'applique aussi bien à la vente de produits qu'à celle de services ou d'idées. Vous avez sûrement l'expérience de vendeurs qui vous ont prodigieusement agacé et que vous avez éconduits avec la nette impression qu'ils ne s'intéressaient pas à vous et ne pensaient qu'à une seule chose : placer leur produit. Mais dès qu'un vendeur essaie réellement de vous comprendre, de se mettre à votre place, vous êtes séduit et vous avez envie de lui passer commande.

La morpho-psychologie permet de faire de la vente «sur mesure» et de connaître si bien vos clients que vous deviendrez leur conseiller. Paradoxalement, vous en saurez parfois plus sur eux qu'eux-mêmes, car la méthode vous révèle aussi certaines de leurs motivations inconscientes.

Grâce à la grille d'analyse de la morpho-psychologie, vous pouvez mettre en forme les différentes approches d'un prospect et vous construire une panoplie complète d'arguments. Ceux-ci vous permettront de convaincre toutes sortes de personnalités différentes. Ainsi, une fois sur le terrain, prenant connaissance de la morpho-psychologie spécifique de votre interlocuteur, vous n'aurez qu'à extraire de votre «mallette» l'approche qui convient et la combinaison d'arguments qui «feront tilt». Il vous faudra cependant beaucoup de pratique pour devenir vraiment performant car chaque individu est complexe et unique. L'art de manier la morpho-psychologie, c'est l'art de conjuguer les différents paradoxes d'une même personnalité. C'est *l'expérience, l'écoute et le respect de l'autre* qui vous l'apprendront. Nous disons «respect» de l'autre, car la morpho-psychologie est à l'opposé d'une technique manipulatrice. Nous développons ce point, particulièrement important, lors de la conclusion p. 213.

Si l'observation de votre interlocuteur vous aide à trouver rapidement *l'attitude juste et les arguments qui vont convaincre*, elle facilite également *l'évolution vers la conclusion.* Elle vous permet enfin de trouver *la réponse adéquate aux objections* soulevées par votre prospect.

◆ *Pour rendre notre exposé plus pratique, nous allons reprendre le schéma classique de l'entretien de négociation, dont nous savons bien qu'il n'est pas forcément linéaire. Il prend en effet des formes différentes en fonction des prospects. Nous aborderons successivement la façon d'approcher le client, la manière de le convaincre et l'art de conclure. Enfin nous nous intéresserons au décodage des objections et à leur traitement.*

1. L'approche de votre prospect : comment gagner sa confiance

Vous savez combien les premières minutes d'un entretien peuvent être déterminantes pour la suite de la relation. Si vous faites une mauvaise accroche, le client peut se fermer définitivement. A l'inverse, si vous réussissez à établir, dès le départ, un climat de confiance, une erreur ou un incident ultérieurs auront moins de conséquences.

L'enjeu de cette étape est la mise en confiance du prospect. Il s'agit de trouver la bonne accroche pour attirer son attention bienveillante et éveiller son intérêt. Vous observerez ses récepteurs et, s'il y a lieu, le rapport récepteurs / cadre, notamment à l'étage supérieur, pour y détecter les éventuelles «tendances».

Observer ses récepteurs

L'observation des récepteurs vous indique *comment approcher votre prospect*. Elle vous informe également sur la *façon dont vous allez pouvoir mener l'entretien.*

- **Si ses récepteurs sont dilatés**, il est a priori ouvert à confiant. Il vous accueillera avec plaisir, s'il voit en vous l'opportunité d'un échange agréable. Il a *beaucoup de plaisir à parler*. C'est ainsi qu'il se ressource. Il répondra facilement à vos questions, à condition qu'elles ne soient pas trop rébarbatives. Vous aurez peut-être plus de difficultés à obtenir de lui des réponses précises car *les détails techniques l'ennuient*. Restez vigilant : le fait qu'il paraisse d'accord avec vous ne veut pas forcément dire qu'il est prêt à signer.

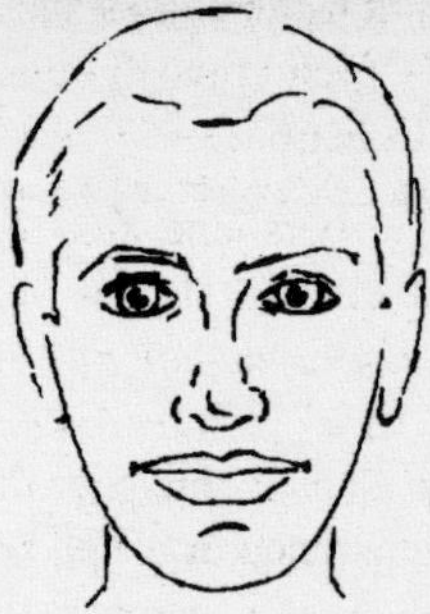

Croquis 6 *: A priori ouvert à confiant.*

Le climat de l'entretien doit être convivial. N'hésitez pas à lui faire des compliments sur son environnement. Apportez-lui les nouvelles du jour. N'oubliez cependant pas qu'il se montrera tout aussi affable avec votre concurrent et qu'*un accueil chaleureux ne constitue en rien un engagement*.

- **Si ses récepteurs sont projetés en avant**, il est *a priori curieux et peut devenir enthousiaste si le produit est nouveau, vivant, spectaculaire...* A vous d'en faire une présentation parlante. Si vous n'êtes pas passionné par votre sujet, si vous êtes trop technique, vous l'ennuierez et il vous échappera. Dans la vie, *il a besoin de participer, d'être acteur car il comprend mieux en faisant*. Au lieu de lui faire une démonstration magistrale, faites-lui découvrir et expérimenter par lui-même les avantages de votre offre. Il accordera plus de crédit à ce qu'il aura expérimenté lui-même. Plutôt que de lui poser des

Croquis 14 *:*
A priori curieux à dispersé.

questions abstraites sur ses besoins, demandez-lui comment il s'y prend pour faire telle ou telle chose et faites-lui décrire ses actions.

Une personne aux récepteurs projetés parle de la façon dont elle achète ses vêtements : «*Moi,* dit-elle, *on ne me convainc pas par de belles paroles; si je peux essayer tout de suite, je prends immédiatement. Sinon, je renonce.*» L'insistance sur «*tout de suite*» et «*immédiatement*» traduit l'impatience du sujet, qui recherche une satisfaction immédiate. Si le vendeur n'est pas en mesure de lui proposer, sur le moment, cette opportunité, il a perdu sa vente.

- **Si ses récepteurs sont rétractés**, il a tendance à se fermer a priori car *il n'est pas très à l'aise dans les contacts.* Il veut avant tout savoir à qui il a affaire car il redoute de «se faire avoir». Il est *très attaché au respect de certains principes qui lui sont personnels et à certains rites de communication.* Il ne parle pas facilement, sauf sur les sujets qui le passionnent, mais *ses centres d'intérêt sont très spécialisés.*

Il peut être intéressant, avant l'entretien, si cela vous est possible, de *vous renseigner sur ses hobbies* afin de pouvoir aborder un sujet qui le décontractera. *Présentez-vous très strictement et de façon très soignée.* Vos propos doivent également être sobres et concis. Il est friand de *données précises*, de chiffres et vous écoute dans les moindres détails.

Il est très important de *le faire parler pour connaître ses attentes qui sont très pointues.*

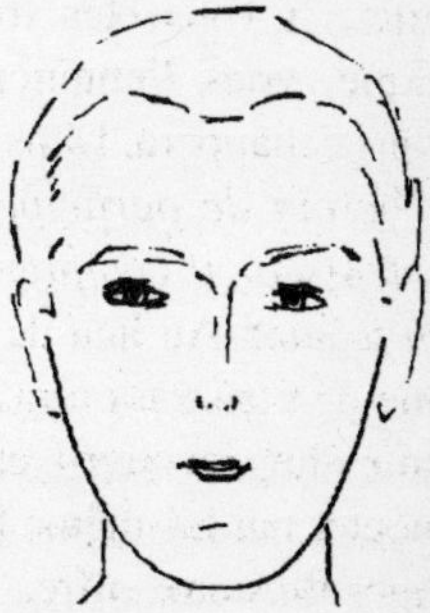

Croquis 7 :
A priori pointilleux à fermé.

Il peut être obnubilé par un aspect qui vous paraît totalement annexe et secondaire. *Posez-lui des questions très ciblées. Ne le faites pas se répéter car il deviendra vite agacé.* Il a horreur de perdre son temps en bavardages inutiles.

- **Si ses récepteurs sont abrités**, il est a priori prudent, voire méfiant. Il a plutôt tendance à privilégier l'aspect critique des choses. Dans le quotidien, il aime être préparé à ce qui va lui arriver et a horreur de l'impromptu. Si c'est lui qui vient vous voir, vous pouvez être certain qu'il a pris ses renseignements avant la visite et qu'il en sait pratiquement autant que vous. Il a notamment préparé toutes ses objections et vous met au défi d'y répondre.

Ne cherchez pas à vous défendre ou à contre-attaquer. Il est probablement plus fort que vous dans l'opposition et vous ne feriez que renforcer ses réticences. *Valorisez-le*, au contraire, pour ses exigences. Il aime savoir où il en est et pouvoir se situer dans le temps. *Structurez votre intervention et soyez très vigilant sur l'horaire. Donnez-lui des preuves irréfutables étayées par des statistiques et figurant sur des documents écrits dont il pourra vérifier la source.*

Ne le bousculez surtout pas. Il s'enfuira s'il sent une quelconque pression sur lui. Comme il a des attentes très personnelles, vous avez absolument besoin des informations qu'il voudra bien vous fournir pour savoir comment orienter votre exposé. Le *questionnement* est donc

***Croquis 15** : A priori prudent à méfiant.*

indispensable dès les premières minutes mais il est à manier avec délicatesse. En effet, votre interlocuteur peut se braquer s'il a l'impression que vous voulez lui soutirer des informations. Il est préférable de faire précéder votre rencontre de l'envoi d'une documentation bien présentée, qu'il étudiera minutieusement.

C'est un client difficile à convaincre, au départ, mais, une fois acquis, il vous sera très fidèle.

◆ *Nous avons vu comment observer un visage de face et de profil. Chaque récepteur dispose au minimum de deux mouvements, et souvent trois ou quatre. Il vous faudra combiner les différentes approches développées ci-dessus en tenant compte des intensités respectives de chacun des mouvements. Cela est simple lorsque les mouvements présents sont complémentaires. Il vous faudra être beaucoup plus subtil lorsque vous vous trouverez face à des associations telles que dilatation et enfoncement ou rétraction et avancée. Par ailleurs, il est important également de situer les récepteurs par rapport au cadre, car la présence d'une tendance peut vous amener à nuancer l'analyse faite à partir des seuls récepteurs.*

Observer les tendances (rapports récepteurs / cadre)

L'observation du rapport récepteurs / cadre, appelé «tendance» (voir p. 46) — notamment à l'étage supérieur — est souvent instructive pour y détecter des mouvements contradictoires qui vous amèneront à nuancer votre première impression et à être plus vigilant.

• Votre interlocuteur présente une **tendance concentrée à l'étage supérieur** : ses récepteurs rétractés sont associés à un front dilaté. La fermeture a priori est alors renforcée : *il est attaché à des principes très rigides et les pose en préalable à toute relation.* Il pourra vous juger sur un détail de votre tenue vestimentaire (par exemple, il vérifiera si vos chaussures sont cirées).

Il n'acceptera de transaction avec vous que s'il a l'impression que vous-même (ou votre entreprise) avez des principes bien établis. Cette exigence n'est pas toujours formulée explicitement. Elle est plus souvent sous-entendue mais se révèle être d'un poids déterminant dans certaines transactions.

Croquis 42 *: Le respect des principes est important...*

Si la tendance concentrée touche l'ensemble du cadre, il aura tendance à ne s'intéresser à vous que dans la mesure où vous lui serez utile.

• Votre prospect présente une **tendance réagissante** : ses récepteurs sont dilatés alors que son cadre est rétracté. L'ouverture devient presque un handicap : il est très influençable et quelqu'un d'autre peut facilement le faire changer d'avis. *Prenez la précaution de le faire s'engager de suite*, sinon vous pourriez avoir des surprises. En effet, vous pouvez avoir conclu une opération tout à

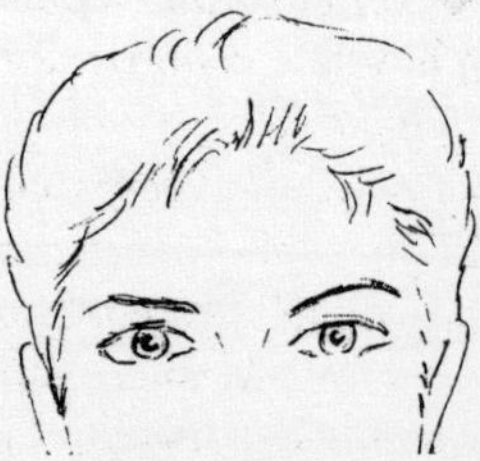

Croquis 43 *:*
Il est influençable...

fait réussie avec cette personne. Elle va vous en remercier, se déclarant pleinement satisfaite. Toutefois, du jour au lendemain, vous apprendrez qu'elle vient de signer subitement avec un concurrent.

• Vous êtes face à une **tendance pendulaire à l'étage supérieur** : les récepteurs sont abrités tandis que le cadre est en avancée. Les comportements de votre interlocuteur risquent de passer brutalement de l'hésitation la plus extrême à un enthousiasme fulgurant. Mieux vaut s'y préparer de façon à ne pas être surpris et à pouvoir faire face à l'une ou l'autre de ces attitudes. Sachez aussi que vous pouvez tomber sur «un jour avec» ou «un jour sans». Il n'est jamais tiède.

Croquis 44 *: Il n'est jamais tiède...*

• La **tendance pendulaire** est **inversée à l'étage supérieur** : les récepteurs sont projetés en avant alors que le cadre est vertical. C'est l'inverse qui se passe : votre interlocuteur, de premier abord curieux de tout et fantaisiste, peut devenir tout à coup réticent et rigide, surtout au moment de l'engagement.

Il vous faudra savoir répondre simultanément aux exigences des deux mouvements opposés.

Croquis 45 *: De curieuse, elle peut devenir réticente...*

Comment vous préparer au premier contact avec votre prospect

• Ce sont les **récepteurs petits et enfoncés** qui vous demanderont la préparation la plus en amont. En effet, *votre présentation doit être extrêmement concise* et chaque mot — voire chaque geste — doit être particulièrement bien choisi.

Si l'enjeu est très important, il est même conseillé de *préparer votre préambule* en vous exerçant à le dire afin que rien ne soit laissé au hasard.

Enfin, *les questions* que vous devez poser à votre interlocuteur *doivent être particulièrement pertinentes et ciblées*. Si elles se recoupent plus ou moins, vous risquez de l'agacer car il aura l'impression de se répéter. Si vous lui posez des questions trop générales, il aura l'impression de vous raconter sa vie, ce qu'il déteste au plus haut point.

Ayez dans votre mallette des compte rendus d'utilisation, des bilans statistiques à lui remettre.

• Les **récepteurs dilatés et projetés en avant** nécessitent de votre part une très grande attention dans les instants qui précèdent votre rendez-vous et pendant l'entretien. En effet, les personnes qui présentent ces caractéristiques vivent beaucoup dans le présent et sont friandes de nouvelles fraîches et de compliments bien à propos.

Il vous faudra donc saisir la dernière nouvelle du jour afin de pouvoir en parler, observer l'environnement de votre interlocuteur pour trouver un compliment adapté... *Vous devrez faire preuve de capacité d'improvisation.* Votre questionnement devra s'inspirer de ce que vous verrez et constaterez sur place.

Ayez en réserve *des faits, des expériences analogues et des témoignages* de personnes qui ont utilisé vos services.

Pensez à regarder si récepteurs et cadre ne donnent pas des messages opposés et si vous n'êtes pas en face de tendances... Notamment si les récepteurs sont en avancée, avec un cadre vertical, la personne est boulimique d'informations. Toutefois, elle possède tout de même des idées très arrêtées compte tenu de son cadre.

2. Convaincre votre prospect par une argumentation «sur mesure»

Préparer vos listes d'arguments de vente

C'est l'observation des mouvements du cadre de votre interlocuteur qui va vous permettre de choisir les arguments appropriés. En effet, le cadre reflète la personnalité profonde d'un individu et ses besoins fondamentaux. Ceux-ci sont pour la plupart inconscients. C'est précisément à ce niveau de besoins que la publicité fait appel.

Vous savez que ce ne sont pas les caractéristiques de votre produit ou service qui intéressent vos prospects, mais les avantages qu'ils peuvent en tirer. Vous avez sûrement en mémoire différentes familles d'avantages que vous avancez intuitivement. Nous allons vous aider à adopter une méthode plus rigoureuse au travers de deux démarches que nous vous proposons.

◆ *Dans un premier temps, vous allez lister tous les arguments que vous utilisez habituellement et tenter de les classer par mouvements. Si vous avez des difficultés à les situer par rapport à tel ou tel mouvement, regardez s'ils ne sont pas formulés d'une façon trop générale et s'ils traduisent bien les avantages que le client peut en tirer.*

Les arguments listés sont-ils aussi nombreux pour les quatre mouvements, ou sont-ils plus nombreux dans une des catégories? Est-ce dû au produit que vous vendez, qui serait sélectif par rapport à la clientèle, ou est-ce que vous avez tendance à privilégier les arguments qui vous touchent ? Ce sont des questions qu'il peut être intéressant, à tout moment, de se poser. Il est de toute façon intéressant de tenter d'équilibrer toutes les listes.

◆ *Dans un deuxième temps, vous allez essayer de formuler, à partir de chaque caractéristique de votre offre, quatre avantages, un pour le cadre dilaté, l'autre pour le cadre rétracté, et ainsi de suite pour les quatre mouvements.*

Prenons un exemple : vous voulez faire remarquer que votre société dispose d'implantations dans toute la France.

— Dans la case *dilatation*, vous préciserez que, le fournisseur étant sur place, le client pourra bénéficier d'un maximum de services et d'avantages, ce qui intéresse le cadre dilaté, avide de quantité.

— Vous toucherez le prospect au cadre *rétracté* (qualité, sécurité) en insistant sur les garanties de qualité et de sécurité qu'une telle proximité peut représenter pour lui.

— Pour le cadre en *avancée*, soucieux d'avoir la liberté de pouvoir improviser à loisir, l'avantage sera la rapidité et la souplesse du service.

— Avec un prospect au cadre *vertical* (rétention, improvisation), vous insisterez sur la possibilité de lui fournir des services sur mesure, tenant parfaitement compte de sa planification.

◆ *Ainsi, vous allez vous constituer quatre colonnes d'arguments correspondant aux quatre mouvements morpho-*

psychologiques. Il ne vous restera plus qu'à en extraire ceux qui correspondent aux mouvements de votre interlocuteur.

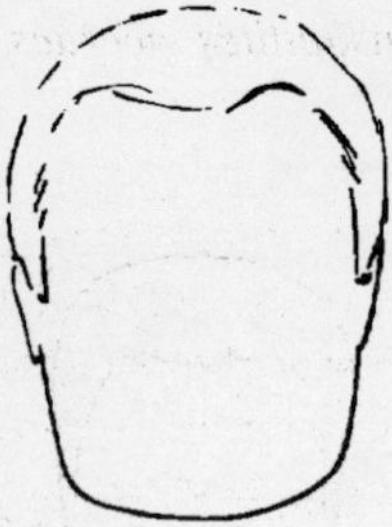

Croquis 46 : *Cadre dilaté : il a besoin d'asseoir sa puissance...*

Votre interlocuteur, ayant besoin de puissance, est *intéressé par tout ce qui pourrait contribuer à la renforcer*. C'est ainsi qu'un artiste peintre, qui réalise des aquarelles d'hôtels particuliers, reçut une commande d'un personnage au cadre dilaté. La propriété de ce dernier était vaste et comprenait notamment une piscine en plein air, à quelque distance de la maison. Plus loin encore, un magnifique cheval de course broutait dans son enclos.

Si loin que l'artiste peintre se mit, il ne pouvait embrasser, dans le même champ de vision, à la fois la demeure, la piscine et le cheval. Le propriétaire de la maison avait pourtant exigé que ces deux signes de richesse — la piscine et le cheval — figurent sur l'aquarelle car ils flattaient son désir de montrer sa puissance. Le peintre dut alors faire des «tours de passe-passe» pour que ces deux éléments figurent à côté de la maison dans l'aquarelle.

Par la suite, le client, pleinement satisfait, recommanda à tous ses amis les talents de notre peintre psychologue.

Dans un autre contexte, un prospect sera séduit par tout argument qui lui donne la *perspective d'accroître son potentiel d'activités ou son chiffre d'affaires, d'étendre ses parts de marché, de faire grandir son domaine de compétence, d'obtenir des responsabilités accrues, de mieux dominer les situations...*

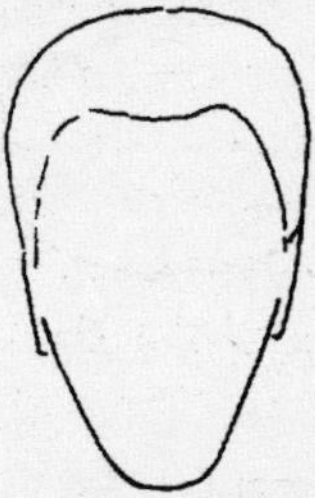

Croquis 47 *: Cadre rétracté : il a besoin de qualité et de sécurité...*

Ce personnage est *intéressé par la qualité, l'esthétique, le raffinement et tout ce qui peut renforcer sa sécurité*. Il sera sensible à des arguments qui mettront en valeur *la fiabilité d'un produit ou d'un service, les garanties qui l'accompagnent, sa facilité d'emploi, le sérieux de sa fabrication...* Il sera avide d'en connaître les références, les agréments. Son choix se portera sur des transactions qui représenteront pour lui le raffinement, l'esthétique, la qualité de vie.

Un agent immobilier raconte qu'il a réussi à vendre un appartement sombre et peu attrayant pour un détail qui a séduit sa cliente : la porte d'entrée était équipée d'une serrure trois points et un système d'alarme sophistiqué était déjà installé... Cette personne avait un cadre très rétracté. Son souci de sécurité avait primé sur le reste.

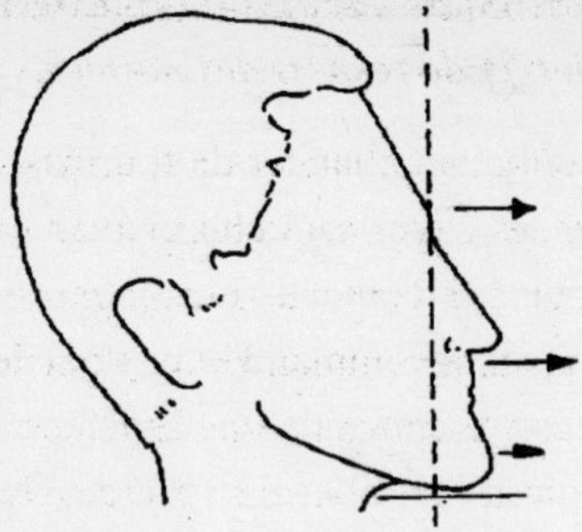

Croquis 28 *: Cadre en avancée : il affectionne le changement...*

Ce prospect affectionne *le changement, l'insolite, la vitesse et les grands espaces*. Un souffleur de verre s'étonne de réussir à vendre des vases dont il estime avoir raté la forme. La personne qui les lui a achetés a un profil incliné. Elle trouve ces produits originaux, drôles, et se dit qu'en en achetant deux pour le prix d'un, elle a la possibilité d'alterner en fonction de son humeur.

Dans une situation différente, cet individu sera très attentif aux arguments qui lui feront entrevoir la *possibilité de s'adapter plus rapidement, de gagner du temps, de développer de nouvelles activités et d'innover parallèlement*.

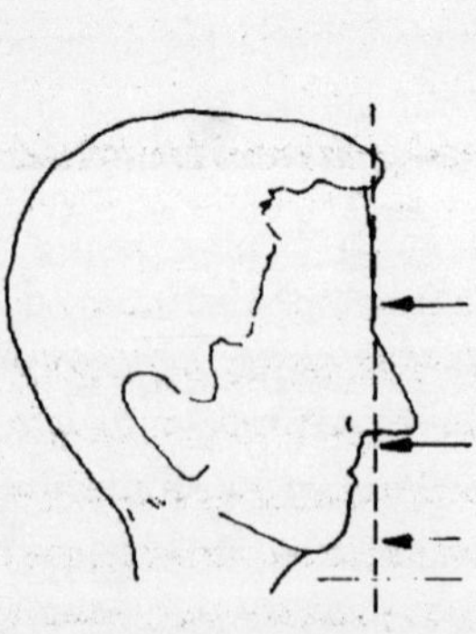

Croquis 29 *: Cadre vertical : il a besoin de prévoir...*

Cette personne (croquis 29) a de fortes *exigences d'efficacité, d'organisation et de respect des normes.*

Un industriel souhaitait changer de fournisseur de produit de nettoyage pour ses cuves car celui-ci avait excessivement augmenté ses coûts. Il contacte une jeune entreprise qui lui a été chaudement recommandée et dont les tarifs sont largement inférieurs. Il demande une brochure à cette entreprise et ne l'obtient qu'au bout de 15 jours. Lors d'un premier rendez-vous, lorsqu'il questionne le fournisseur sur ses outils de gestion, il le trouve bien évasif. Il en tira la conclusion que cette entreprise ne peuvait être un partenaire fiable car elle ne serait pas capable de tenir ses engagements. Il revint donc à son premier fournisseur.

Vous convaincrez ce genre de personnalité en lui montrant comment ce que vous lui proposez va *l'aider à garder la maîtrise de son service, à contrôler sa rentabilité, à atteindre ses objectifs, à économiser du temps et de l'argent...*

Il a par ailleurs *besoin* d'une personnalisation des prestations qui lui sont offertes.

Choisir vos arguments «sur mesure»

◆ *Le cadre présentant au minimum deux mouvements, l'un de face, l'autre de profil, vous allez devoir combiner plusieurs types d'arguments en fonction de leur intensité respective et de leur localisation. Ensuite, pour fournir la preuve adaptée, vous identifierez le mode de fonctionnement privilégié de votre interlocuteur.*

Epouser la synthèse des motivations de votre prospect

Vos arguments doivent épouser la synthèse des motivations souvent contradictoires de votre prospect.

EXEMPLES

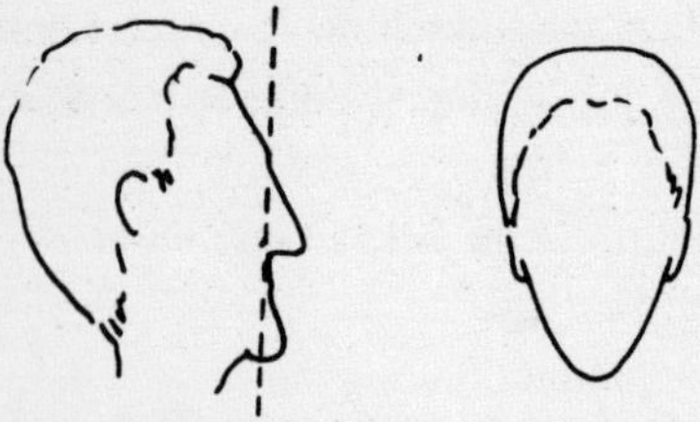

Croquis 48 *: Cadre en avancée et rétracté.*

« Cet outil vous permettra de gagner du temps tout en économisant des coûts supplémentaires. »

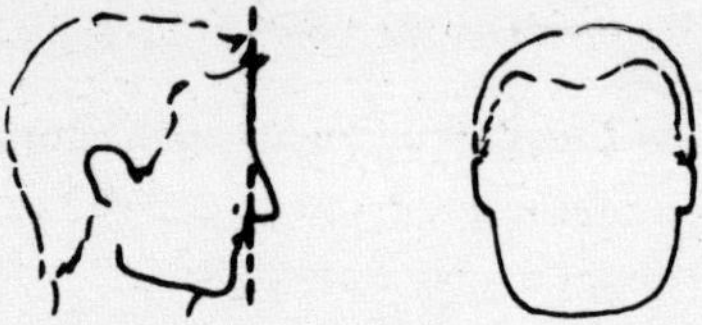

Croquis 49 *: Cadre vertical et dilaté.*

« Cet outil vous permettra de parfaitement contrôler votre expansion. »

Croquis 50 *: Cadre rétracté avec étage supérieur incliné et étage inférieur en retrait.*

« Ce système constituera pour vous une base sûre pour concevoir de nouveaux développements et en contrôler la mise en œuvre. »

Croquis 51 : *Cadre dilaté avec étage supérieur vertical et étage inférieur en avancée.*

« Cet outil vous donnera les moyens de contrôler vous-même la réalisation de vos objectifs et de saisir rapidement les opportunités qui se présenteront. »

EXERCICE 4

➤ Formulez votre argument pour ces deux personnages.

Croquis 52.

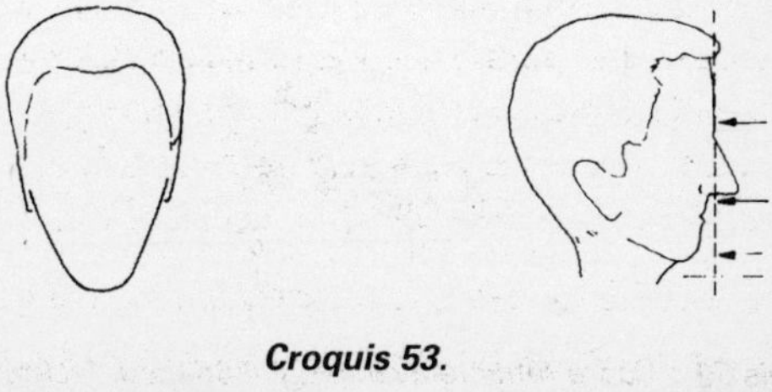

Croquis 53.

◆ *Il est très important que votre premier argument reflète la problématique des motivations, souvent contradictoires, de votre prospect, de façon à ce qu'il entrevoie dans votre prestation la possibilité de résoudre un conflit interne qui le tourmente confusément. Dans un deuxième temps, il vous faudra reprendre chaque avantage séparément et le développer.*

Corrigé p. 100

Trouver la preuve la mieux adaptée

Il vous faut trouver la preuve la mieux adaptée au mode de fonctionnement privilégié de votre prospect.

Le mode de fonctionnement privilégié de votre prospect se déduit de son étage le plus développé. Cette information vous permettra de choisir le langage approprié pour susciter son intérêt et de choisir la preuve adaptée pour le convaincre.

Observez quel est l'étage le plus développé.

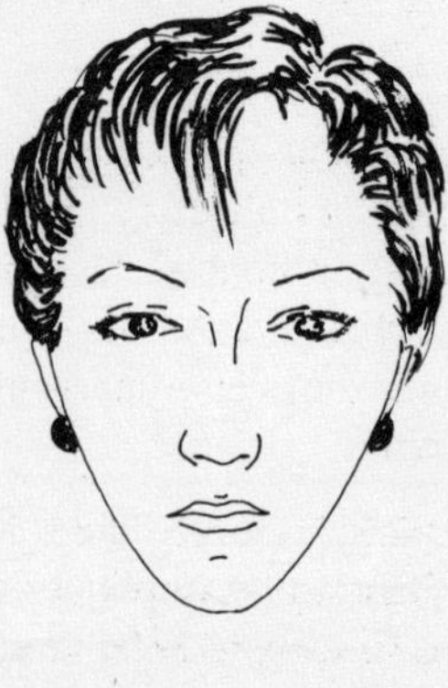

Croquis 54 *: Etage supérieur dilaté : faites appel à son intellect...*

Votre prospect aime réfléchir et se poser des questions. Faites appel à son intellect. Prenez le temps de lui expliquer *les fonctionnements, les procédures*, donnez-lui des informations théoriques. Remettez-lui de la documentation. Envisagez avec lui différentes hypothèses de travail.

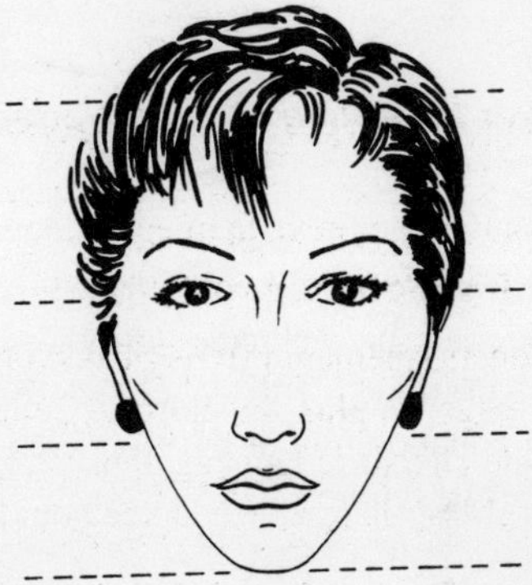

Croquis 55 *: Etage moyen dilaté : parlez concertation...*

Elle est prioritairement préoccupée des problèmes humains. Faites appel à l'affectif : parlez *concertation, implication des hommes*. Montrez les conséquences heureuses de l'achat sur la motivation des gens. Elle sera intéressée par les incidences de votre intervention sur les communications avec autrui.

Sera-t-elle encore plus à même d'aider les autres, de leur donner confiance ? Pourra-t-on impliquer un grand nombre de personnes ? Il vous faudra présenter votre service ou votre produit sous l'angle des *relations humaines* pour que la personne y prête vraiment attention.

***Croquis 56** : Etage inférieur dilaté : faites une démonstration pratique...*

Sollicitez le *sens concret* de votre vis-à-vis. Par exemple, montrez-lui l'atelier, un véhicule terminé, faites-lui une démonstration pratique... Vous énoncerez *les étapes* concrètes de la collaboration et développerez la façon dont elles seront mises en œuvre.

◆ ***Remarque :*** *restez très à l'écoute de votre client. Notez bien les mots qu'il utilise et servez-vous-en pour personnaliser votre argumentation. N'hésitez pas à lui demander comment se formulent, par exemple, ses exigences de qualité. Cette écoute vous permettra d'être beaucoup plus précis et convaincant.*

Travaillez avec les mots qui parlent à l'étage le plus développé sous forme de questions, pour susciter l'intérêt de votre prospect, et faites-le participer.

3. Conclure l'entretien

La conclusion, même si elle doit normalement aller de soi après un entretien bien mené, mobilise tout de même des émotions particulières qu'il va falloir gérer. Votre interlocuteur a particulièrement besoin de savoir à qui il a affaire pour s'engager. La morpho-psychologie vous permet d'identifier l'angoisse spécifique de votre interlocuteur : angoisse de se faire avoir, angoisse de la rupture du contact...

L'enjeu en est l'engagement de la personne, et dans certains cas, sa fidélisation. Il s'agit alors de l'aider à prendre sa décision, en lui rappelant en résumé la quintessence des négociations et en l'amenant à prendre des engagements. C'est un moment toujours difficile car, une fois engagé, on ne peut plus revenir en arrière et on peut craindre de s'être trompé. Certaines personnes ont plus de difficultés que d'autres à faire des choix.

L'angoisse se formule différemment pour chacun et il est nécessaire que vous puissiez l'identifier pour pouvoir rassurer votre interlocuteur de façon adaptée. Il peut craindre de ne pas avoir fait le bon choix et de s'être fermé à d'autres possibilités plus intéressantes. Il peut aussi redouter de s'être fait rouler, ce qui exigera une attitude encore différente. Certaines personnes auront besoin d'être stimulées et encouragées ; d'autres ne supporteront pas la moindre pression.

L'enjeu de la conclusion est d'obtenir l'engagement du prospect. En réalité, cette étape finale se prépare tout au long de l'entretien, notamment par l'accumulation de points d'accord effectués tout au long de l'argumentation ; dans les meilleures conditions, l'engagement tombe de lui-même comme un fruit mûr. Mais malgré tout, tout acte d'engagement est source d'angoisse et celle-ci prend une forme différente suivant la personnalité du prospect.

◆ *Un individu s'engage parce qu'il fait confiance à l'autre. Ce sont donc à nouveau les récepteurs qui vont vous servir de guide et vous porterez une attention plus particulière à l'étage inférieur, lieu du passage à l'acte. Les récepteurs dilatés et projetés seront davantage préoccupés de la rupture de la relation, de ne pas avoir pensé à tout demander et d'avoir fait le bon choix. Les récepteurs rétractés et abrités sont centrés sur l'objet de la transaction. Ils peuvent être repris par la crainte de s'être fait avoir. Il leur importe de bien réexaminer les clauses du contrat.*

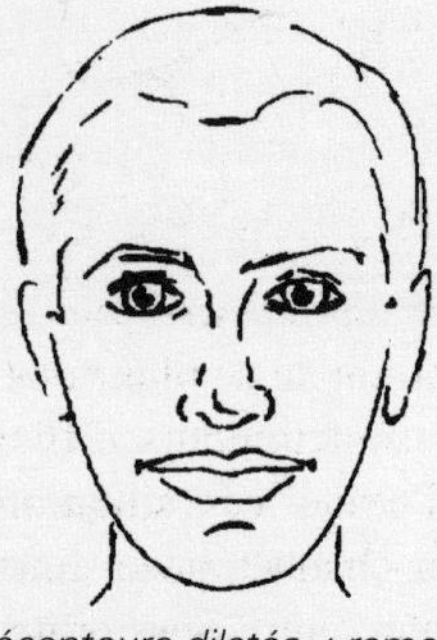

Croquis 6 : *Récepteurs dilatés : ramenez-le sur l'objet de la transaction...*

Votre interlocuteur se demande s'il peut vraiment vous faire confiance sur un plan psychologique. Il se dit qu'il n'a peut-être pas pensé à poser toutes les questions. Il se demande aussi ce que son entourage va penser de lui et si on lui donnera raison d'avoir fait ce choix. En somme, il n'a pas très envie que cet entretien s'achève et pourrait être tenté de «noyer le poisson» pour éviter de s'engager. Cela peut se manifester par une avalanche de paroles ou par des digressions sur d'autres sujets.

C'est donc à vous de *le ramener sur l'objet de la transaction* et de *le rassurer en lui indiquant qu'il peut vous rappeler par la suite. Faites-le signer tout de suite* car votre concurrent pourrait le faire à votre place.

Croquis 14 *: Récepteurs projetés : les choix sont difficiles pour lui...*

Votre interlocuteur redoute de s'être laissé aller trop vite à sa spontanéité. Il craint de ne plus vous avoir comme interlocuteur. Les choix sont toujours difficiles pour lui et, en général, il essaie d'éviter ces situations. Il aimerait tout prendre pour essayer chaque chose. En faisant ce choix, ne s'est-il pas privé d'une autre possibilité qui aurait été plus intéressante?

Il se demande aussi combien de temps il va lui falloir attendre pour avoir l'objet de son désir.

Rassurez-le sur le fait que vous ne l'abandonnez pas. Ne tardez pas à le faire signer car, avec lui, il est important de «battre le fer quand il est chaud».

Ne remettez surtout pas la décision à un prochain rendez-vous, car la motivation de votre interlocuteur aura probablement changé.

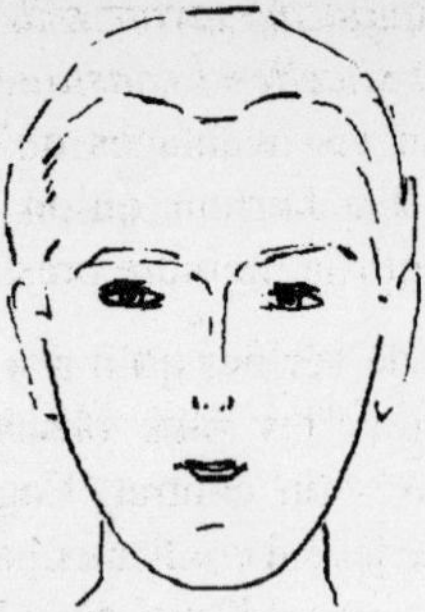

***Croquis 7** : Récepteurs rétractés : faites une synthèse des points d'accord...*

Votre interlocuteur est soucieux de «retrouver ses billes» et de vérifier que ce que vous lui proposez en finale est en parfaite adéquation avec ce qu'il cherche. Il considère, bien sûr, que c'est à vous de vous plier à ses conditions.

Avec cet interlocuteur, il sera nécessaire de *faire une synthèse exhaustive des points d'accord et également des objections qu'il a faites en les mettant en comparaison.* Il pourra être opportun de lui confirmer par écrit les clauses du contrat. Tout ceci contribuera à le rassurer.

***Croquis 15** : Récepteurs abrités : vérifiez qu'il n'a plus d'objections...*

Ce prospect est inquiet de savoir s'il a gagné ou perdu dans la transaction et si celle-ci constitue un investissement rentable. Rappelez-lui les avantages qu'il peut en tirer et faites-le acquiescer. Il a horreur qu'on le bouscule et ne supporte pas de ressentir la moindre pression sur lui.

Prenez encore soin de vérifier qu'il n'a plus d'objection à faire et que les points les plus obscurs sont éclaircis. Rappelez-lui les clauses du contrat. Engagez-vous sur les délais. Proposez-lui de les lui confirmer par écrit. Laissez-lui croire que c'est lui qui prend l'initiative de s'engager.

◆ *Pour compléter votre analyse des récepteurs, il est important d'étudier également les mouvements de la mâchoire. Ceux-ci traduisent, en effet, la plus ou moins grande aisance de votre interlocuteur à s'engager.*

Croquis 54 : *Etage inférieur rétracté.*

Plus cet étage est rétracté par rapport à l'ensemble du cadre, moins l'individu a d'aisance dans le concret. Cela peut se traduire par des hésitations, notamment quand il s'agit de concrétiser l'accord.

Croquis 56 : *Etage inférieur dilaté.*

L'individu à l'étage inférieur dilaté est au contraire familier des réalisations concrètes, mais il veillera à ce que vous ne lui fassiez pas d'ombre.

Croquis 48 : *Etage inférieur en avancée.*

Un étage inférieur en avancée (croquis 48) facilite les réalisations et les accélère.

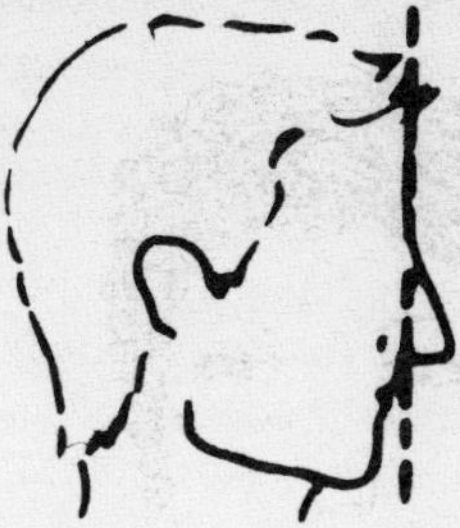

Croquis 49 *: Etage inférieur en retrait.*

La verticalité de l'étage inférieur (croquis 49), voire le retrait du menton, ralentissent les prises de décisions. Soyez particulièrement vigilant si votre prospect présente des mouvements contraires à la bouche et à la mâchoire. L'individu risque d'avoir des comportements contradictoires au cours de l'entretien.

4. Répondre aux objections

Vous devez connaître la quasi-totalité des objections qui peuvent vous être faites sur votre produit ou service et avoir préparé les réponses correspondantes. Ne répondez pas à une objection tant que vous n'avez pas complètement compris le sens que la personne lui donne.

La morpho-psychologie vous permet de faire un diagnostic des objections avancées par le prospect : telle objection est-elle un prétexte ou correspond-elle vraiment à une exigence fondamentale de la personne ?

- Les exigences fondamentales se situent au niveau du cadre, qui reflète les besoins les plus profonds de l'individu. Si votre interlocuteur fait une objection, regardez si vous n'avez pas sous-estimé un mouvement du cadre.

- Les récepteurs de votre interlocuteur vous apporteront également des informations précieuses.

Nous avons vu que des personnes aux *récepteurs abrités* arrivent quasi systématiquement avec des objections ou des points à vérifier, sachant que ces individus préparent généralement minutieusement les démarches qui les engagent. Le fait qu'un tel individu émette des objections constitue une preuve de son intérêt pour votre produit. L'absence d'objections est inquiétante.

Lorsque les récepteurs sont rétractés — surtout lorsqu'ils sont associés à un front dilaté —, les objections relèvent souvent d'opinions très personnelles, voire de préjugés qui ne sont pas toujours fondés mais qui sont souvent difficiles à lever car irrationnels.

Dans les deux cas de figure, récepteurs abrités ou rétractés, l'objection est souvent un phénomène défensif qui correspond d'une part à une certaine difficulté de communication de ces individus et d'autre part à des attentes très personnelles.

Les objections émises par des individus aux *récepteurs dilatés ou projetés en avant* sont moins claires à décoder. En effet, ces deux familles d'interlocuteurs sont friandes de la communication «pour la communication». Il ne leur est pas aisé de la couper car ils craignent d'indisposer leurs interlocuteurs. Ils sont donc amenés parfois à trouver des subterfuges pour échapper à l'emprise de l'autre en essayant de ne pas se le mettre à dos. La grande difficulté des récepteurs projetés est d'arriver à dire «non».

- Reprenons chaque famille de récepteurs :

Croquis 15 *: Récepteurs abrités : il arrive avec des objections...*

Votre interlocuteur (croquis 15) arrive de toute façon avec des objections. Il est très important que vous parveniez à *les lui faire formuler très rapidement*. En effet, tant qu'il ne les aura pas exprimées, il ne sera pas en mesure de vous écouter. Elles feront écran à tous les arguments que vous pourrez avancer.

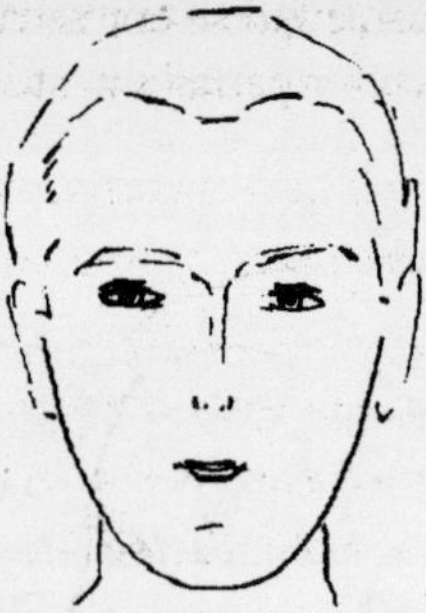

***Croquis 7** : Récepteurs rétractés : il a des idées souvent arrêtées...*

Votre interlocuteur (croquis 7) a tendance à avoir des opinions assez arrêtées sur le monde. Les choses doivent se faire «comme ceci» et pas «comme cela». Essayez de *lui faire formuler ce qui est important pour lui* et n'essayez en aucun cas de lui démontrer le contraire. Vous perdriez votre énergie et votre temps.

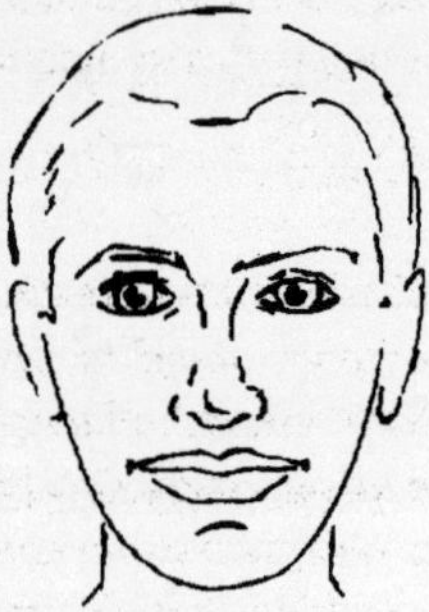

***Croquis 6** : Récepteurs dilatés : laissez-le s'exprimer...*

Posez-vous la question de savoir si l'objection émise par votre interlocuteur (croquis 6) est une critique fondée. C'est souvent aussi une façon polie de prendre congé, ou une idée reçue — votre partenaire est influençable —, ou l'indication que la personne voudrait qu'on la rassure. La meilleure technique consiste à *laisser s'exprimer totalement la personne.*

C'est souvent elle-même qui se convainc en parlant et votre intervention peut s'avérer parfaitement inutile.

***Croquis 14** : Récepteurs projetés : il a plaisir à provoquer...*

Les objections de cet individu sont souvent spontanées et peu difficiles à lever. Votre interlocuteur peut prendre plaisir à vous provoquer pour tester votre réaction. En réalité, c'est un jeu pour lui. Si vous lui êtes sympathique, ses objections ne tiendront pas longtemps.

◆ *Les portraits que nous dressons ainsi sont caricaturaux et ne prennent pas en compte la présence de plusieurs mouvement aux récepteurs. L'influençabilité et la vulnérabilité à la pression affective qui caractérisent la dilatation et la projection des récepteurs sont compensées si ces deux mouvements sont combinés à de la rétraction ou de l'abritement. Ils pourront même constituer un «ballon d'oxygène» lorsque ces deux derniers mouvements sont très marqués.*

La nature humaine comporte infiniment plus de nuances que de caricatures. Cela nous rend le travail plus difficile et nous retient aussi de mettre les gens dans des catégories.

EXERCICE 5

➤ Vous êtes agent dans un organisme financier suisse exerçant en France. Juste après que vous vous soyez présenté, M. Alain, entrepreneur parisien, vous déclare tout de go : «*J'ai l'habitude de passer par des organismes financiers français car je pense qu'ils sont mieux placés pour trouver des financements auprès de grandes banques françaises...*»

***Portrait 1** : M. Alain.*

Observez les récepteurs de M. Alain. Que vous disent-ils sur le sens de l'objection qu'il a émise?

Il vous arrive la même situation, quelques jours plus tard, avec M. Joseph.

***Portrait 2** : M. Joseph.*

Observez les récepteurs de M. Joseph. Que vous disent-ils sur le sens de l'objection qu'il a émise?

Corrigé p. 100.

5. Etude du cas de la société Dupont

Cocktail de la société Dupont.

La société Dupont vend des services informatiques et, grâce au savoir-faire de son équipe, elle a réussi à se constituer une très bonne clientèle diversifiée.

Nous avons profité d'un cocktail qu'elle a organisé pour ses meilleurs clients pour retracer trois négociations exemplaires, qui ont permis de conquérir M. Roger, Mme Loiseau et M. Quemener. C'est M. Bruno qui a mené avec succès les trois négociations.

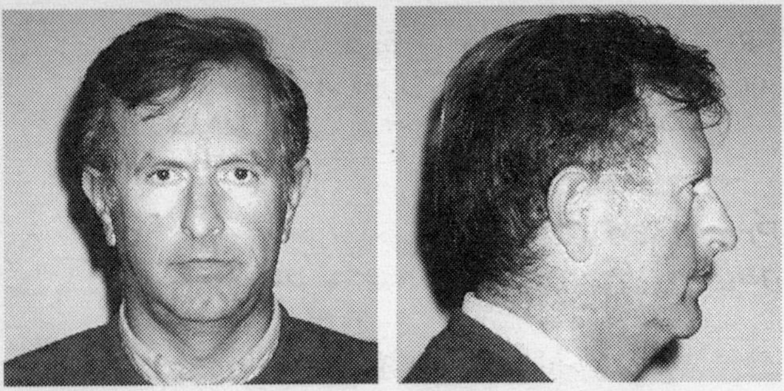

***Photo 4** : M. Roger dirige une agence de publicité.*

***Photo 5** : Mme Loiseau.*

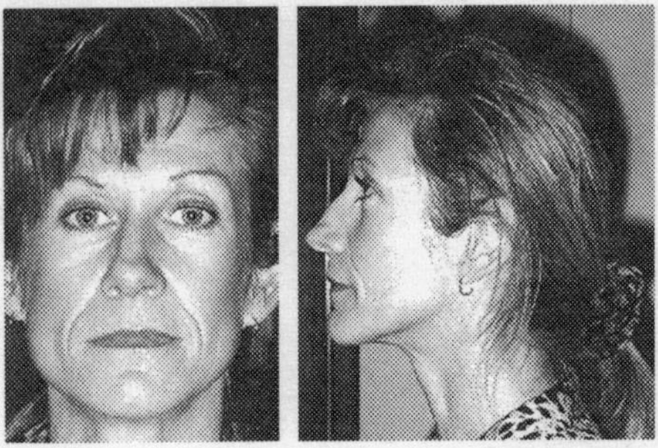

Mme Loiseau dirige un cabinet d'outplacement.

M. Quemener est directeur d'une usine de fabrication de matières plastiques.

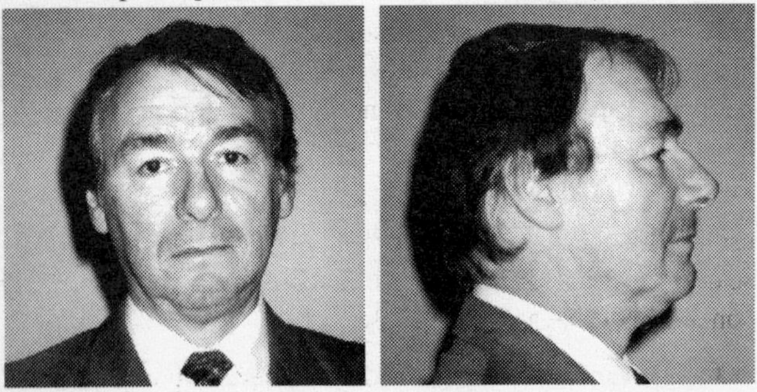

***Photo 6** : M. Quemener.*

Reprenons à présent les différentes étapes de la négociation et voyons comment M. Bruno a opéré avec chacun.

Première étape : gagner la confiance des prospects

M. Bruno a examiné les récepteurs de ses interlocuteurs.

- **M. Roger**

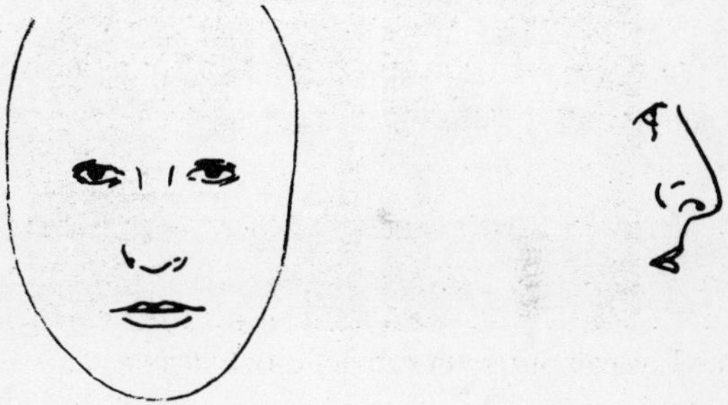

Croquis 57 *: Récepteurs de M. Roger.*

Les récepteurs de M. Roger sont, dans l'ensemble, petits et abrités. Les yeux sont abrités et proportionnellement très petits par rapport au front, les narines sont abritées et le nez ne fait pas tout à fait le tiers du visage.

M. Roger possède donc un *a priori prudent à méfiant*. Il est très attaché au respect des principes. Il privilégie l'analyse et la réflexion. Préoccupé d'efficacité, il n'aime pas perdre son temps en bavardages inutiles.

➤ M. Bruno, le commercial de la société Dupont, a dû être très persévérant pour obtenir un rendez-vous, car M. Roger faisait toujours dire qu'il n'avait pas le temps de le recevoir. Enfin, au bout de quelques semaines, un matin, tôt, alors que la secrétaire n'était pas encore arrivée, il l'a eu directement et lui a demandé de le recevoir un quart d'heure au maximum. M. Roger a accepté.

M. Bruno s'est alors présenté au rendez-vous en tenue impeccable. Il a tout de suite compris qu'il faudrait être très sobre, très efficace et très professionnel. Il a fait une présentation très synthétique de sa société et des services qu'il était en mesure de rendre et a remis une documentation à M. Roger. Puis, lui précisant que, pour lui faire une proposition bien adaptée, il avait besoin de quelques informations, il lui a posé un certain nombre de questions bien ciblées. Il a alors promis à M. Roger de lui envoyer, le jour même, une proposition pour qu'il puisse l'étudier avant leur prochain rendez-vous dont la date a été fixée sur-le-champ.

- **Mme Loiseau**

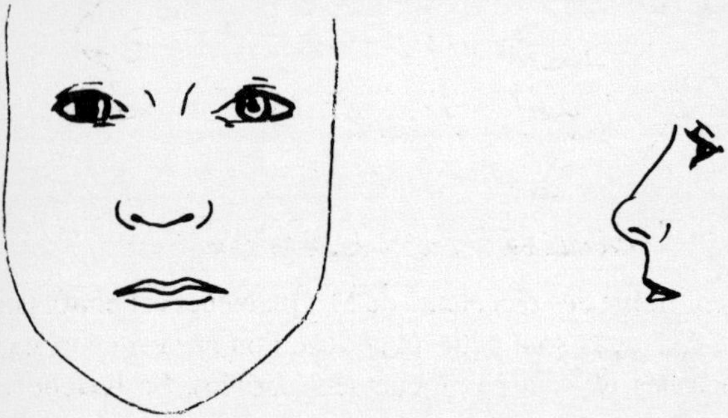

Croquis 58 *: Récepteurs de Mme Loiseau.*

Les yeux et le nez de Mme Loiseau sont projetés en avant : les yeux sont bombés, les narines sont «au vent» et l'assiette du nez est soulevée. Il y a donc un *a priori de curiosité.*

Les yeux sont par ailleurs grands. Mme Loiseau est donc ouverte aux échanges d'idées et curieuse de toute information nouvelle. Elle a également le goût du jeu et de la fantaisie. Par contre, il faut que vous lui soyez sympathique.

➤ M. Bruno a téléphoné au cabinet de Mme Loiseau et obtenu assez facilement un rendez-vous. Après lui avoir fait quelques compliments sur son environnement et l'avoir informée des dernières nouvelles du jour, il a sorti son micro portable et lui a ainsi présenté les services les plus novateurs de sa société d'une manière très conviviale, en la faisant participer. Mme Loiseau s'est alors mise d'elle-même à parler de ses projets et il n'a plus eu qu'à l'écouter.

- **M. Quemener**

Croquis 59 *: Récepteurs de M. Quemener.*

L'ensemble des récepteurs de M. Quemener est plutôt petit et fin. Ses yeux sont petits et abrités. Son nez est court mais ses narines ne sont pas totalement abritées. Sa bouche est fine et en retrait.

M. Quemener est d'un *a priori pointilleux et méfiant* sur le plan des idées. Il est attaché au respect des principes. Son nez indique que, sur le plan affectif, il est susceptible de se fermer très facilement si quelque chose le choque, mais qu'en même temps il est curieux et friand de contacts nouveaux. Si l'on regarde plus attentivement son étage supérieur (photo 6, p. 92), on s'aperçoit qu'il y a une forte opposition de mouvements entre les yeux abrités et la pente du front très oblique. On retrouve la même tendance à l'étage inférieur avec une bouche en retrait et un menton qui avance.

On en déduit que derrière la prudence du premier contact, se cache un *enthousiasme latent* qui pourra très vite se substituer à la méfiance si les exigences de la première approche sont satisfaites. On sait aussi qu'il faudra s'attendre à des comportements d'accélérations vives suivis de coups de freins inattendus.

➤ M. Bruno a décroché facilement un rendez-vous avec M. Quemener. L'entretien a été sympathique. M. Quemener semblait intéressé et notait soigneusement toutes les informations données par M. Bruno. Il a également pris toute la documentation mais n'a pas voulu s'engager.

Un deuxième rendez-vous a été pris, mais M. Quemener bloquait toujours sur des détails d'exécution qui le gênaient, disait-il. M. Bruno lui avait dit qu'il n'était sur son secteur que pour 6 mois. L'avant-veille de cette échéance, M. Quemener lui envoie un courrier d'accord, contenant un chèque d'acompte, pour une commande urgente.

Tant que M. Quemener sentait une certaine pression sur lui, exercée par le vendeur, il n'a pas pu se décider. Et puis quand il s'est senti plus libre, la décision a été fulgurante, d'autant qu'il voulait que la transaction se fasse avec M. Bruno qui lui avait semblé sympathique.

Deuxième étape : convaincre les prospects

M. Bruno a bien examiné le cadre de ses interlocuteurs pour choisir ses arguments.

- **M. Roger**

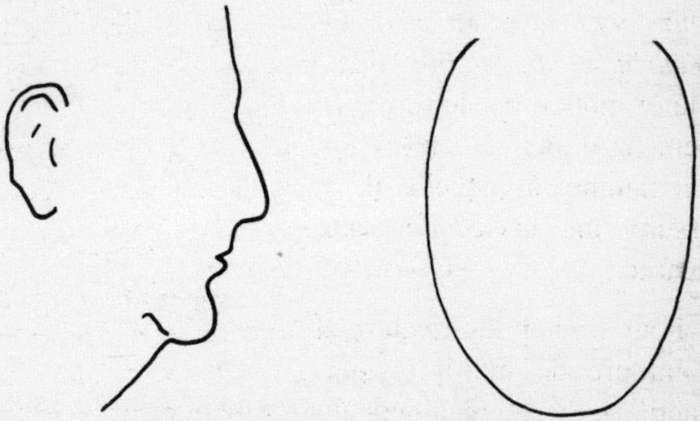

Croquis 60 *: Cadre de M. Roger.*

L'ossature de M. Roger est étroite et le front y est dominant. Le profil est dans l'ensemble vertical. M. Roger a *besoin de sécurité, de qualité et a le souci constant de gérer* et contrôler rigoureusement ce qu'il fait.

➤ M. Bruno a pris le temps de lui expliquer de manière exhaustive le fonctionnement du système. Il a insisté sur le fait que, soigneusement étudié et testé, il permettrait de fournir à M. Roger un service sur mesure, totalement personnalisé, efficace et de qualité. Il lui a donné un certain nombre de références sûres. Il a insisté sur les garanties contractuelles et sur les engagements que prenait sa société et qui seraient consignés dans un document écrit qu'il lui a montré. Il lui a démontré, chiffres à l'appui, sur des grands graphiques, comment ce service lui permettrait de rentabiliser ses investissements, et de contrôler la réalisation de ses objectifs. Il a mis en évidence le fait que cet outil l'aiderait à établir des stratégies à long terme et obtenir une gestion optimisée. Enfin, il a insisté sur les économies de temps et d'argent ainsi dégagées, qui permettraient d'assurer aux clients une qualité de service encore plus grande.

- **Mme Loiseau**

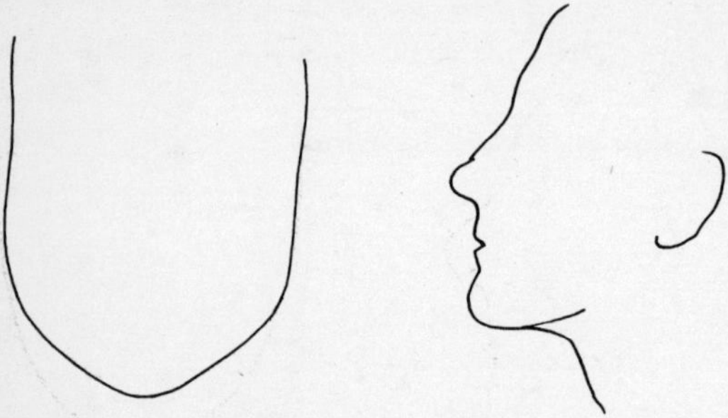

Croquis 61 *: Cadre de Mme Loiseau.*

Le cadre de Mme Loiseau est en avancée aux trois étages. Il est par ailleurs profond.

Mme Loiseau a *besoin d'avancer vite et de conquérir sans cesse de nouveaux domaines*. Parallèlement, elle est soucieuse de concrétiser rapidement. Son étage inférieur est dominant.

➤ M. Bruno a insisté sur la nouveauté de son service, conçu pour être pratique, adaptable et évolutif. Il a montré comment, sur le plan concret, cet outil lui permettrait de trouver des solutions beaucoup plus rapidement. Il a mis en évidence son côté pratique et adaptable. Il lui a démontré, en s'appuyant sur des exemples similaires et des témoignages, comment il lui permettait de progresser, de gagner du temps et d'offrir à sa clientèle une gamme de services diversifiés.

Toutes les personnes du cabinet pourraient rapidement apprendre à s'en servir et cela libérerait du temps pour contacter de nouveaux clients et élargir la palette d'activités. Par ailleurs, le service après-vente de la société Dupont se chargeait de le faire évoluer au fur et à mesure des besoins et des avancées technologiques.

- **M. Quemener**

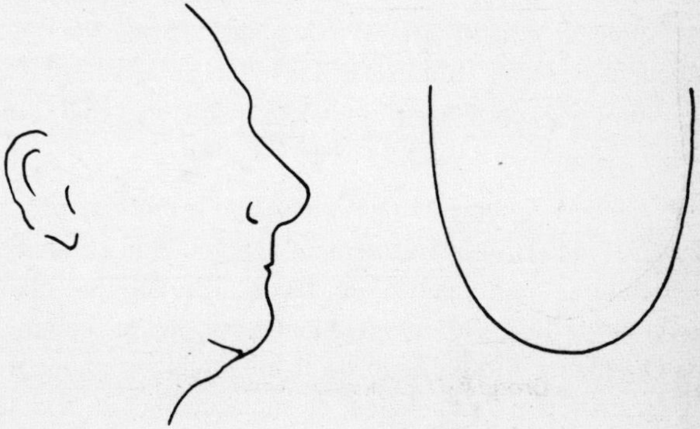

Croquis 62 *: Cadre de M. Quemener.*

Le cadre de M. Quemener est en avancée à tous les étages. Il est plutôt large et profond sans que ce mouvement soit très marqué. Les étages supérieur et inférieur sont de taille équivalente.

➤ M. Bruno a souligné l'aspect novateur, avant-gardiste et extrêmement performant de son système et les nombreux services qu'il pouvait simultanément rendre. Cet outil permettrait à M. Quemener de devenir encore plus compétitif et de gagner de nouvelles parts de marché. Centralisant toutes les informations, il lui donnerait la possibilité de prendre rapidement ses décisions et de saisir les opportunités dès qu'elles se présenteraient.

Troisième étape : conclure l'entretien de négociation

➤ Avec M. Roger (*récepteurs petits et abrités*), M. Bruno a pris soin de synthétiser les points d'accord, de rappeler les clauses du contrat et précisé les dates des différentes opérations.

➤ Avec Mme Loiseau (*nez et yeux projetés*), M. Bruno a recentré le débat, car on était parti dans toutes les directions, et résumé les conclusions. Il a demandé à Mme Loiseau un engagement ferme. Il a insisté sur le fait qu'il était à sa disposition pour répondre à toutes ses questions et qu'elle ne devait pas hésiter à le contacter.

➤ Avec M. Quemener (*récepteurs petits mais narines non abritées*), M. Bruno a également synthétisé le résultat des négociations et reprécisé de façon détaillée les clauses du contrat. Il a été très vigilant pour ne pas donner à M. Quemener l'impression qu'il lui forçait la main. Il l'a aussi remercié pour la chaleur de son accueil et lui a indiqué qu'il restait à sa disposition.

CORRIGÉ DES EXERCICES

- **Exercice 4, p. 75. Croquis 52** : « Cet outil vous donnera les moyens d'avoir une expansion très rapide... » **Croquis 53** : « Cet outil vous assurera un contrôle très précis de la qualité de vos pièces... »

- **Exercice 5, p. 90.**

M. Alain : l'objection peut être facile à lever avec un bon contact et une bonne argumentation. Faites d'abord parler la personne des avantages qu'elle voit et argumentez en fonction de cela et en vous appuyant sur les mouvements de son cadre.

M. Joseph : questionnez M. Joseph sur les problèmes qu'il doit résoudre et démontrez-lui comment ses problèmes peuvent être résolus par vous de façon beaucoup plus efficace et personnalisée.

Convaincre votre recruteur

Dans une société en pleine mutation où la stabilité de l'emploi est remise en cause, nous sommes déjà et nous serons tous de plus en plus confrontés à la situation où nous devons vendre notre candidature à un recruteur. Celui-ci peut être soit un recruteur professionnel, soit un responsable d'entreprise.

Un recruteur, bien sûr, recrute pour un certain profil de poste, mais entre plusieurs candidats possibles, il aura naturellement tendance à choisir celui qu'il comprend le mieux car il est proche de sa propre psychologie. C'est ainsi que l'on peut observer, dans de nombreuses entreprises, que les cadres ont tous le même profil, au sens propre et au sens figuré, car ils ont été recrutés par la même personne. Entre parenthèses, c'est sûrement dommage pour ces entreprises qui se privent ainsi de potentialités qui leur apporteraient des idées neuves et leur permettraient de nouveaux développements.

L'entretien de recrutement n'est guère différent d'un entretien de vente, sinon que le candidat doit se vendre lui-même. C'est plus difficile que de vendre un produit ou un service car on a de la peine à prendre du recul quand il s'agit de soi. Le recruteur, contrairement aux apparences, n'est pas dans une position plus confortable que le candidat. En effet, il redoute de se tromper et de faire perdre du temps et de l'argent à l'entreprise. L'enjeu est d'autant plus important que l'entreprise est de petite taille.

1. Préparer votre entretien de recrutement

Un entretien de recrutement demande à être minutieusement préparé. N'arrivez jamais les mains dans les poches et n'attendez pas tout du recruteur. Celui-ci a besoin de sentir que vous avez une motivation, un projet, et que votre recherche correspond à une démarche cohérente.

Vous devez centrer votre préparation sur quatre points notamment :

- **La connaissance de l'entreprise**

Vous devez déjà essayer, par différents biais, de recueillir des informations sur l'entreprise qui recrute : son chiffre d'affaires, sa clientèle, les métiers qui y sont présents, ses perspectives de développement... Vous serez ainsi davantage en mesure de mettre en prise votre motivation sur la réalité de l'entreprise. Le recruteur percevra aussi cette initiative comme une preuve de votre dynamisme.

- **La présentation de votre projet et de vos motivations**

Faites le point sur vos motivations par rapport au poste. Demandez-vous si vous vous sentez en accord avec vous-même, en postulant pour ce poste. En effet, un recruteur se rendra vite compte d'une quelconque incohérence dans votre démarche. Vous devez être motivé à cent pour cent pour pouvoir espérer obtenir le poste. Vous devrez pouvoir exposer votre projet professionnel tel que vous l'envisagez à l'heure actuelle et les raisons qui vous font postuler pour le poste à pourvoir. Préparez une présentation très synthétique de votre parcours professionnel. Vous la conclurez en énonçant votre projet final et les raisons qui vous ont poussé à contacter cette entreprise.

Vous devrez ensuite expliquer pourquoi vous avez suivi telles études. Remémorez-vous les expériences professionnelles que vous avez vécues, les types de stages que vous avez faits. Il vous faudra indiquer les réelles responsabilités que vous avez assumées, l'autonomie que vous avez eue.

Votre recruteur sera intéressé par le bilan que vous en faites, les difficultés que vous avez eu à surmonter et la manière dont vous les avez dépassées.

En face de chaque expérience, essayez de formuler ce que vous avez appris. Posez-vous la question de savoir en quoi chaque expérience peut intéresser un futur employeur. Traduisez chaque caractéristique de votre expérience en avantages pour votre recruteur.

Par exemple, vous avez suivi un stage intensif d'anglais, en attendant d'avoir un nouveau travail. La maîtrise de l'anglais peut intéresser votre recruteur qui a des interlocuteurs à l'étranger. Mais ce n'est pas toujours le cas. Alors, quel autre avantage ce stage peut-il représenter pour des employeurs qui n'ont pas directement besoin de cette compétence ? Pour certains, ce sera le signe d'un dynamisme de votre part et d'une bonne capacité d'adaptation. Pour d'autres, cela voudra dire que vous avez entretenu votre soif d'apprendre et donc que vous acquerrez vite les bases de votre nouvelle fonction.

Sachez ainsi mettre en valeur chaque élément de votre expérience et mettez systématiquement en face tous les avantages qu'ils peuvent représenter aux yeux d'un futur employeur.

• La présentation de votre personnalité, de ses points forts et de ses points faibles

Il vous faudra être capable de vous décrire, d'exposer vos aptitudes, vos savoir-faire et de formuler vos points forts.

On vous demandera probablement de montrer que vous êtes conscient de vos points faibles et que vous savez y trouver un palliatif si c'est nécessaire. Nous verrons cet aspect plus en détail dans notre dernier chapitre.

• Les questions à poser sur l'entreprise et le poste

L'entreprise se doit de vous donner des informations précises sur le poste à pourvoir et vous avez le droit — et même le devoir — de poser des questions. Il est important que vous les ayez préparées à l'avance car, dans le feu de l'entretien, vous risquez fort de ne plus les avoir en tête.

N'hésitez pas à interroger votre recruteur sur tout ce que vous ne comprenez pas. Même si, d'un certain côté, cela peut l'ennuyer de «perdre son temps» à répondre à des questions nombreuses, votre démarche de questionnement constitue aussi, pour lui, une preuve d'un réel intérêt pour le poste et d'une forme de professionnalisme. En effet, il peut en déduire que vous aborderez d'une façon tout aussi sérieuse les problèmes que vous rencontrerez lorsque vous serez en poste dans l'entreprise.

2. Gagner la confiance de votre recruteur

Le premier contact avec votre recruteur est souvent déterminant pour la suite des événements. Il vous faut vous conformer à ses attentes en matière de communication. L'observation de ses récepteurs vous donnera les informations nécessaires.

• **Les recruteurs aux récepteurs dilatés ou projetés vers l'avant** sont davantage centrés sur votre savoir-être et sur vos qualités de communication. La lecture d'un curriculum vitæ leur paraît souvent trop abstraite; ils ont besoin de sentir leur interlocuteur. L'entretien est ainsi pour eux un moment clef, qui peut les amener éventuellement à remettre totalement en cause leurs choix préalables. Ils attendent un échange vivant et l'expression de certains ressentis profonds chez le candidat. Ils peuvent avoir plaisir à se raconter. Laissez-les faire.

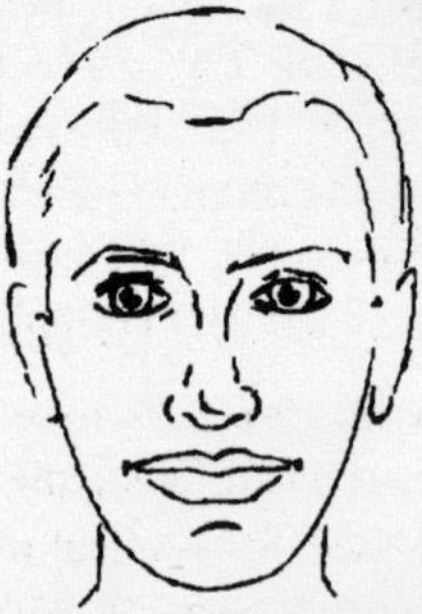

Croquis 6 : *Il attend que vous fassiez vivre votre CV...*

— *Les récepteurs dilatés ont un a priori ouvert* vis-à-vis de vous et ils attendent que vous fassiez vivre votre CV. Racontez-leur des faits, des expériences, des anecdotes qui illustreront mieux, pour eux, votre parcours professionnel. Fournissez-leur le maximum d'informations car ils sont friands de quantité. Ils attachent de l'importance à votre aisance dans la communication ainsi qu'à votre ouverture d'esprit. Ils apprécient vos qualités d'adaptation.

— *Les récepteurs projetés en avant ont un a priori curieux.* Ils réclament également du concret, des faits vivants. Il est important pour eux que «le courant passe» entre vous et eux. Ils apprécient que le climat soit franc et sympathique. Ils attendent de la transparence de votre part et que vous livriez une partie de vos sentiments, de vos émotions. Ils aiment vibrer émotionnellement. Ils attendent plus ou moins consciemment que vous apportiez un peu de renouveau par votre présence dans l'entreprise. Votre débrouillardise et votre esprit d'à-propos constituent pour eux un atout important.

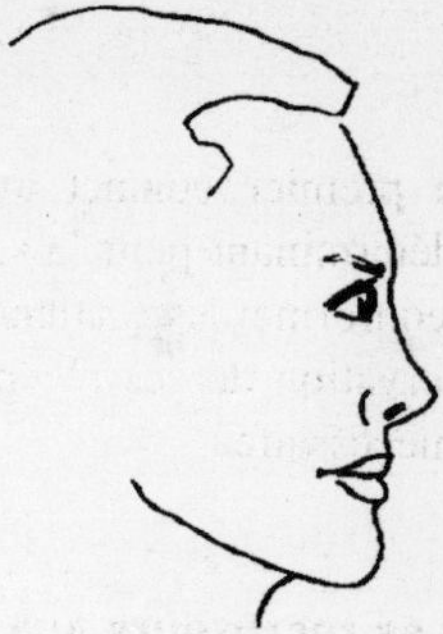

***Croquis 14** : Faites preuve d'esprit d'à propos...*

• **Les recruteurs aux récepteurs rétractés ou abrités** s'intéressent davantage à vos savoir-faire. La lecture de votre CV est déjà un élément décisif pour eux. L'entretien leur sert essentiellement à vérifier leurs hypothèses et conforter leur choix. Ils adoptent donc une stratégie de vérification. Ils considèrent que les échanges, pour être efficaces, doivent être minutés.

Votre exposé doit nécessairement être préparé à l'avance, de façon à être bien construit et synthétique. Généralement taciturnes, ils peuvent rester longtemps silencieux. Mais lorsqu'ils se mettent à parler, c'est souvent le signe d'un véritable intérêt. C'est donc de bon augure pour vous.

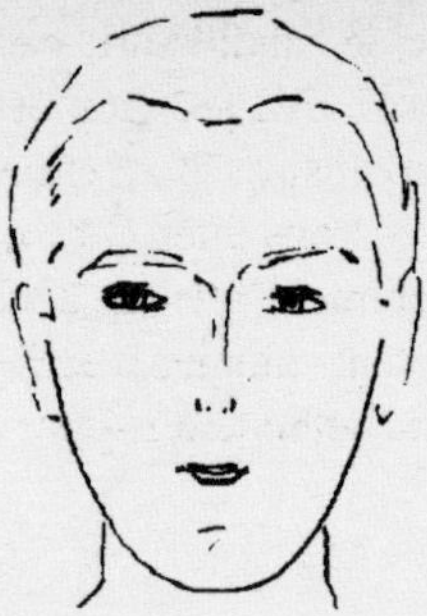

Croquis 7 : *Respectez les conventions...*

— *Les récepteurs rétractés, avec leur a priori pointilleux, sont très attachés au respect de certaines conventions.* Ce peut être la manière de saluer, la tenue vestimentaire... Nous connaissons un chef d'entreprise qui avait refusé un candidat chaudement recommandé par un recruteur qui l'avait sélectionné. Ce candidat lui avait dit «bonjour» et non «bonjour, Monsieur». Il avait trouvé cela inadmissible et n'avait pas voulu aller plus loin. D'autres pourront être choqués par des chaussures mal cirées ou une cravate mal assortie... Ils sont inquiets de savoir si vous allez respecter la hiérarchie et la culture d'entreprise. L'éthique du candidat constitue également une clause incontournable pour ces recruteurs. Ils sont très soucieux que le candidat qu'ils embauchent soit «sérieux». N'étant pas à l'aise dans le relationnel, ils ont horreur de perdre leur temps en bavardages «inutiles». Il est donc très important pour le candidat d'être concis et d'aller vite à l'essentiel, d'une manière toujours très courtoise.

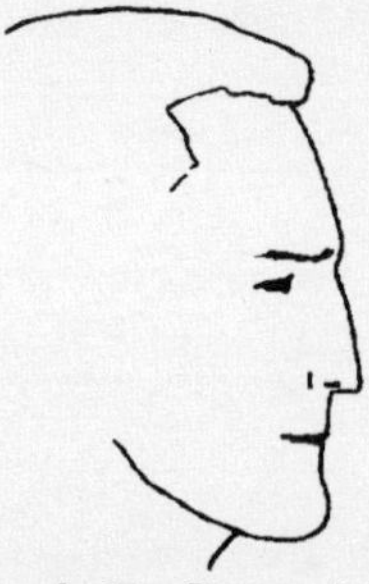

Croquis 15 : *Donnez-lui des preuves...*

— *Votre interlocuteur, avec son a priori prudent à méfiant, voit, dans l'entretien, une occasion d'approfondir certains sujets avec vous.* En effet, il se méfie toujours du superficiel et de ce qui pourrait ne constituer qu'un vernis. Il cherche à tester la véracité de ce que vous avancez dans votre lettre de candidature, car il a besoin de preuves. Il veut vérifier vos «réelles» compétences et vos «réelles» motivations. C'est ainsi qu'il va essayer de faire des recoupements entre ce que vous dites et ce qui figure sur votre CV. Il sera particulièrement attentif à la cohérence de votre discours, aux différents moments de l'entretien. Il est également centré sur votre méthode d'exposé qui doit être logique et cohérente.

3. Convaincre votre recruteur par une argumentation «sur mesure»

Il s'agit à présent de mettre en valeur les éléments de votre candidature qui intéressent vraiment votre recruteur. C'est au niveau de son cadre que vous allez trouver ses besoins les plus forts et les plus inconscients. Vous allez notamment vous intéresser à la façon dont il a besoin de s'affirmer sur le plan des affaires. Ce sont les mouvements de son cadre qui vont vous l'indiquer.

• **La dilatation** représente le *besoin de puissance, de pouvoir et de quantité*. Cela se traduit sur le plan économique par le désir de s'imposer sur le marché et d'absorber ses concurrents. Le chef d'entreprise au cadre dilaté cherche avant tout à être leader et à avoir du pouvoir. La notoriété et la perspective de gains importants constituent souvent ses stimulants majeurs. Il ne veut pas que vous lui fassiez d'ombre. Il faut qu'il soit clair que c'est lui qui commande.

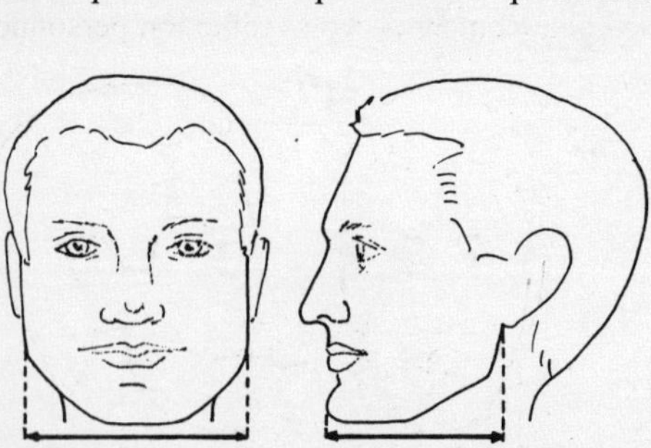

Croquis 25 *: Il a besoin de résultats concrets...*

Ce sera important de le lui faire sentir durant l'entretien. Il a besoin de résultats concrets.

Ce qui l'intéresse dans votre candidature, c'est votre expérience du terrain, votre puissance de travail, votre capacité à faire du chiffre. Il vous faudra mettre en avant ce que vous avez fait et ce que vous avez apporté aux entreprises pour lesquelles vous avez travaillé. Il souhaite aussi que vous contribuiez à lui apporter du prestige et peut s'intéresser à vous parce que vous possédez une notoriété qui rejaillira sur lui.

- **La rétraction du cadre** reflète une *vive sensibilité* et la *prédominance des besoins de sécurité et de qualité*. Il est important, pour ce responsable d'entreprise, d'assurer la meilleure qualité à ses clients. Il s'entoure, dans toute transaction, de quantité de garanties. Les symboles de sécurité peuvent varier d'un individu à l'autre. Ce recruteur a en tout cas besoin d'être rassuré sur la qualité de la personne qu'il embauche. Ses critères peuvent être un bon diplôme, une formation de qualité, un cursus exemplaire, de solides références... Mettez en valeur tous les aspects qualitatifs de votre expérience et, si le front de votre interlocuteur est dilaté, insistez sur les idées que chaque expérience vous a inspirées et sur le cheminement de votre réflexion personnelle.

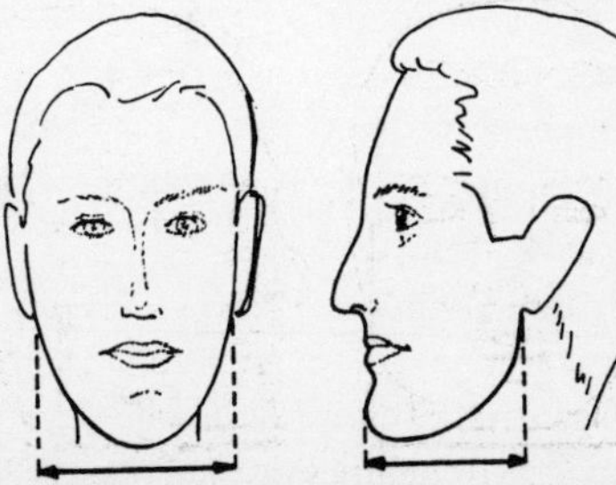

Croquis 26 *: Il aime s'entourer de garanties...*

• **L'avancée du cadre** traduit précisément le *besoin d'aller de l'avant, d'évoluer, de progresser le plus vite possible*. Votre recruteur a un besoin impérieux d'innover, d'être à la pointe du progrès, de gagner toujours plus de temps, de saisir les opportunités, de conquérir de nouvelles parts de marché... Mettez en valeur vos diverses initiatives, le vaste éventail de vos expériences, les qualités d'adaptabilité qui en découlent... Montrez-lui, à travers vos expériences, que vous êtes sans cesse à l'écoute du terrain, et capable de vous adapter très rapidement à un changement de conjoncture, à une modification de la demande des clients...

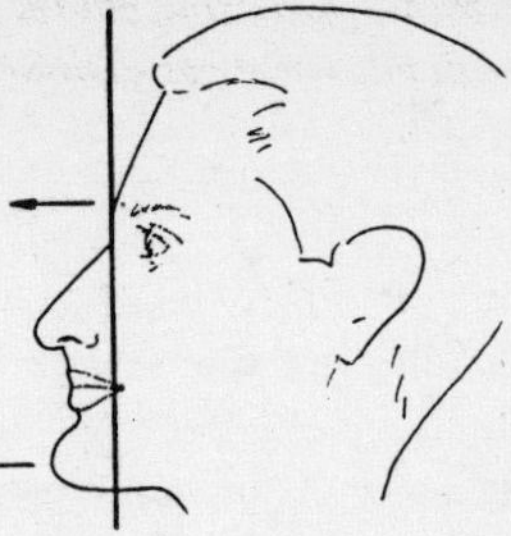

Croquis 63 : *Mettez en valeur votre capacité à évoluer...*

• **Le cadre vertical** reflète le *besoin de maîtriser, de gérer et de contrôler*. Votre recruteur a le souci de mettre en place une stratégie efficace à long terme. Il a le souci constant de contrôler la réalisation de ses objectifs et de rentabiliser ses investissements. Il lui importe de bien gérer son patrimoine et de fidéliser sa clientèle. Il a pour principe qu'il faut toujours bien étudier un dossier avant de prendre la moindre décision. Il a besoin de sentir qu'il en est de même pour vous. Il vous faut mettre en avant vos qualités de méthode et d'organisation.

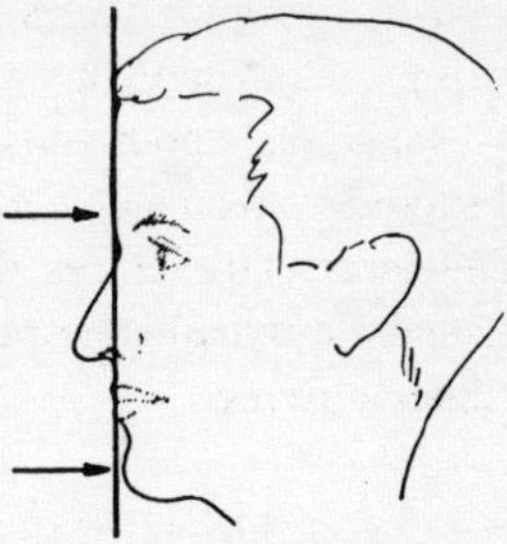

Croquis 64 : *Montrez vos qualités de méthode et d'organisation...*

◆ *Sur un même cadre, les différents mouvements se combinent entre eux. Différentes combinaisons peuvent apparaître :*

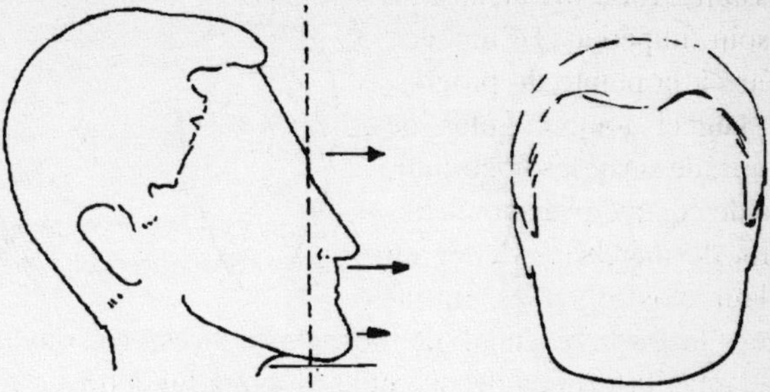

Croquis 52 : *Cadre en avancée et dilaté.*

• *Si l'avancée du cadre est associée à de la dilatation, votre interlocuteur, infatigable, vise une expansion rapide et toujours en progression.* S'il s'agit de votre futur chef d'entreprise, sachez que vous aurez quelque peine à le modérer. Il est souhaitable pour vous, et pour lui, qu'il ait au moins de l'abritement aux récepteurs pour prendre du recul sur les événements et peser ses décisions. C'est généralement le cas, mais le dynamisme puissant de cet individu n'en sera qu'à peine freiné.

• *L'avancée du cadre peut aussi s'allier à de la rétraction (croquis 48). Ce sont deux tendances contradictoires et, dans ce cas, il vous faudra voir quelle est celle qui domine.* Il faut savoir que deux mouvements contradictoires ne se compensent pas mais agissent plutôt en alternance. Ainsi ce recruteur tantôt recherchera en vous la sécurité, tantôt vous demandera de foncer et d'inventer des solutions nouvelles.

Dans votre argumentation, il vous faudra donner alternativement des éléments qui sécurisent et d'autres qui le confortent dans son désir de faire avancer les choses.

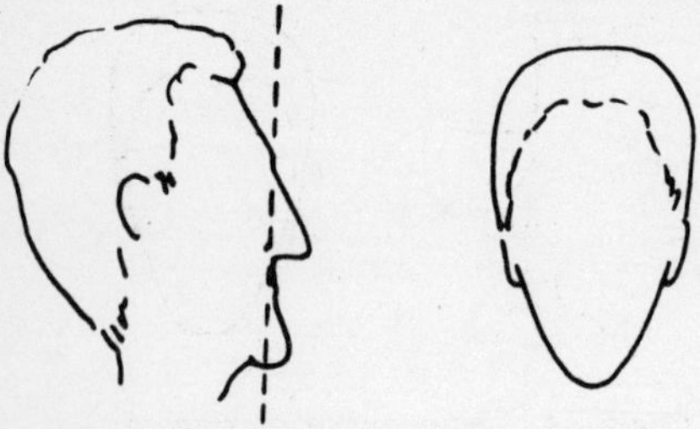

Croquis 48 : *Cadre en avancée et rétracté.*

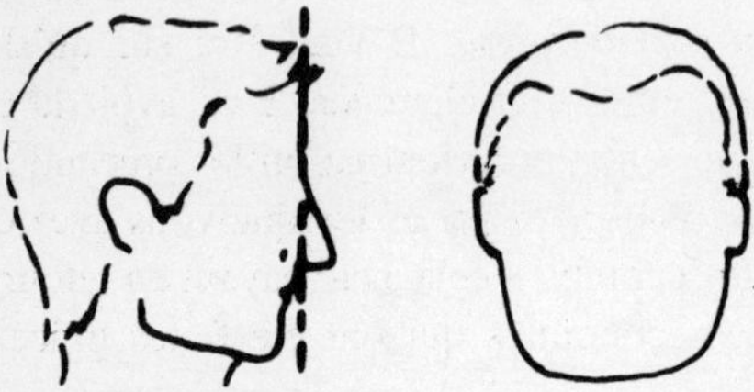

Croquis 49 : *Cadre vertical et dilaté.*

• *Associé à de la dilatation, le mouvement de verticalité au cadre (croquis 49) indique un besoin de maîtrise encore plus grand :* l'individu a besoin simultanément de garder le contrôle et le pouvoir sur les événements. La verticalité tempère cependant les besoins d'expansion, l'individu cherchant simultanément à les contrôler. En réalité, les deux mouvements agissent en alternance et il vous faudra montrer que vous êtes capable à la fois de prendre en charge des actions d'envergure et de mettre en place les outils qui vous permettront — et lui permettront — d'en contrôler le développement.

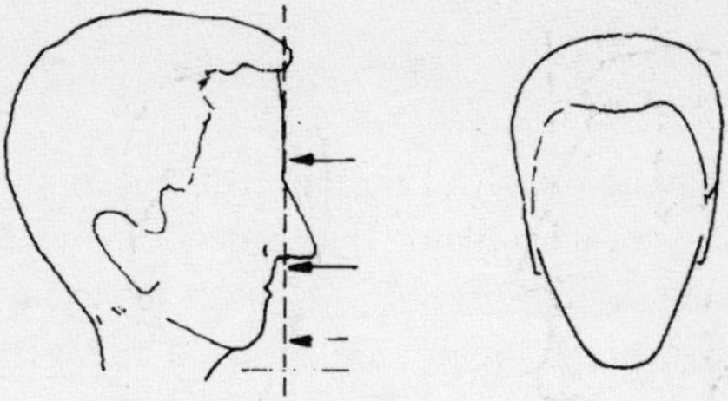

Croquis 53 : *Cadre vertical et rétracté.*

• *Le recruteur au cadre vertical et rétracté (croquis 53) s'entoure de beaucoup d'assurances et de garanties quand il embauche un collaborateur.* Il veut être sûr qu'il fait un investissement rentable et cherchera à en avoir la preuve à travers votre présentation. Montrez-lui les précautions et les assurances que vous avez prises lorsque vous avez entrepris telle opération et combien cela a été payant en retour. Mettez en exergue les économies qui ont été faites grâce à votre intervention...

4. Conclure votre entretien de recrutement

C'est à vous de prendre l'initiative de conclure puisque vous vous trouvez dans la position du vendeur. La conclusion a un double objectif : rappeler les avantages de votre candidature et obtenir une forme d'engagement du recruteur.

Il est évident que la décision définitive sera rarement prise sur place. Votre interlocuteur n'est pas forcément non plus le seul décisionnaire. Cependant, il peut reconnaître explicitement l'intérêt de votre candidature et fixer des échéances précises. Votre esprit d'initiative et votre détermination, à ce moment de l'entretien, seront généralement plutôt bien perçus par le recruteur qui y verra un signe de forte motivation et de combativité, de bon augure pour une prise de poste éventuelle.

◆ *Sachez que le recruteur, au moment de la conclusion, se retrouve face à son angoisse de ne pas arriver à trouver le bon candidat ou de ne pas faire le bon choix. Cette angoisse peut se formuler de différentes manières suivant le mouvement dominant des récepteurs.*

• **Les recruteurs aux récepteurs dilatés ou projetés vers l'avant** n'apprécient pas ce moment qui précède la rupture du contact. La prise de décision par rapport à une candidature constitue une véritable épreuve lorsque des récepteurs ne possèdent par ailleurs que très peu de mouvements de rétraction ou de retrait.

— *Les récepteurs dilatés craignent de ne pas avoir rassemblé suffisamment d'informations.* Demandez à votre recruteur s'il détient bien toutes les informations nécessaires. Prenez l'initiative de synthétiser les avantages de votre candidature et incitez-le à s'engager sur des échéances.

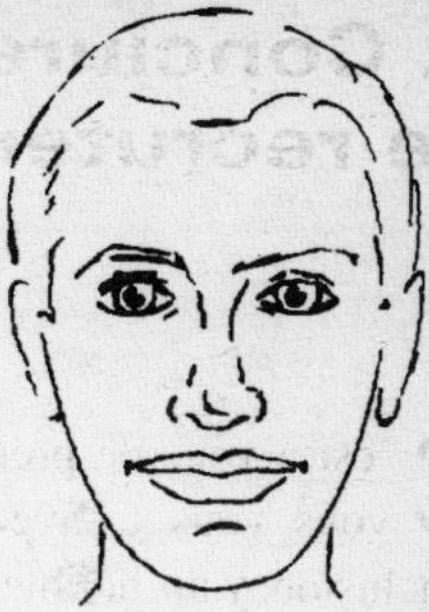

***Croquis 6** : Prenez l'initiative de synthétiser...*

— *Les récepteurs en avancée redoutent de ne pas faire le bon choix.* Ils craignent de prendre la décision d'écarter un candidat qui pourrait être intéressant pour l'entreprise. A l'inverse, si le candidat leur plaît, ils se disent qu'il en existe peut-être d'autres qui sont encore mieux et qu'il est sans doute prématuré de s'engager dès maintenant. Et pourtant, si vous leur êtes sympathique, ils ont très envie de le faire. Alors, ne vous gênez pas pour les inciter à s'engager dès à présent !

***Croquis 14** : Incitez-le à s'engager...*

• **Les recruteurs aux récepteurs rétractés ou abrités** seront généralement pressés de terminer l'entretien et seront plutôt avares de paroles, même si vous leur avez plu. Ils redoutent de s'être fait avoir et que vous ne répondiez pas totalement aux exigences du poste.

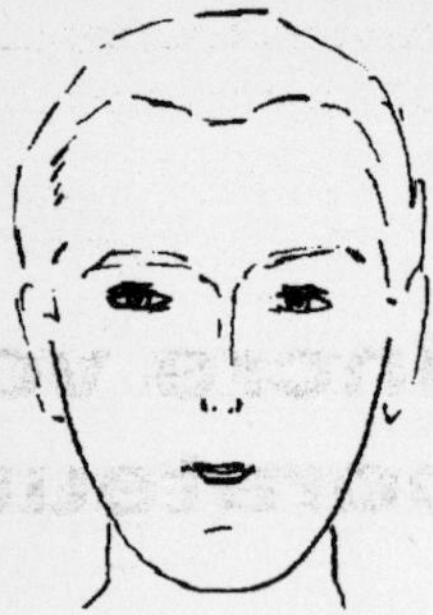

Croquis 7 : *Restez concentré...*

— *Les récepteurs rétractés vous écoutent avec beaucoup d'attention, notamment vers la fin de l'entretien.* Veillez à reprendre exactement les termes de vos points d'accord, pour ne pas heurter votre interlocuteur. Ne relâchez à aucun instant votre attention. Même s'il parle peu, n'hésitez pas à lui poser vos questions.

Croquis 15 : *Faites une synthèse bien construite...*

— *Les récepteurs abrités attendent de vous une synthèse bien construite.* Ils n'aiment pas prendre des décisions hâtives : celles-ci sont généralement planifiées dans le temps. Ils n'apprécient pas de sentir s'exercer une pression quelconque. Demandez-leur tout de même de vous donner un calendrier avec des dates précises.

◆ *Ainsi, nous ne saurions trop insister sur le fait qu'un entretien de recrutement se prépare minutieusement. Cette préparation vous permettra de vous sentir plus disponible, pendant l'entretien, pour observer votre interlocuteur. Il vous suffira alors, en fonction des données observées, d'adopter la démarche et de choisir le registre, qui correspondent à sa personnalité.*

CHAPITRE 4

Convaincre vos collaborateurs

Convaincre un collaborateur exige, de nos jours, de plus en plus de compétences. Dans un contexte de marchés fluctuants où vos clients ne sont jamais acquis, vous attendez beaucoup de vos collaborateurs. Vous leur demandez notamment de s'adapter et de réagir très vite aux changements. Vous exigez d'eux un sens des responsabilités de plus en plus aigu et un esprit d'initiative développé.

Des études faites aux Etats-Unis ont permis de constater que les entreprises les plus rentables ont un dénominateur commun : le personnel y est épanoui. Pourquoi l'est-il ? Parce qu'il est sollicité, à tous les échelons, pour donner son avis, apporter des améliorations... Il se sent alors reconnu et partie prenante de l'entreprise.

C'est ainsi que la terminologie de «*clients internes*» commence à s'imposer, aux USA et en Europe, pour désigner les collaborateurs d'une entreprise. Cette terminologie souligne le fait que le collaborateur doit être traité avec autant d'intérêt qu'un client, le but étant de le satisfaire pleinement. Dans certaines grandes entreprises, les différents départements, la maison mère et ses filiales, se considérant mutuellement comme des clients, collaborent pour l'aboutissement du projet d'entreprise. Dans cet état d'esprit, même un collaborateur «à problèmes» doit être considéré avec autant d'égards qu'un client «à problèmes».

La participation de vos collaborateurs à des stages de formation constitue parallèlement un facteur important d'accroissement de leur motivation. On l'oublie souvent en cette période de crise où l'on fait précisément des économies sur les budgets estimés non directement rentables.

C'est à vous de motiver vos collaborateurs, de les stimuler pour qu'ils s'impliquent pleinement dans l'entreprise et qu'ils y déploient leurs aptitudes. Gérard Mulliez l'écrit clairement dans *La Dynamique du client* de Richard Whiteley (voir bibliographie) : «*La hiérarchie, l'encadrement d'une manière générale, doivent avoir conscience que leur rôle premier consiste à favoriser l'épanouissement des salariés, à faire grandir les individus.*» La motivation durable de vos col-laborateurs ne peut s'établir que dans un climat de confiance mutuelle où ils se sentent respectés. Ils doivent pouvoir sentir que les règles du jeu sont justes et claires et que leur contribution est appréciée.

L'art de convaincre un collaborateur consiste à faire appel à ses motivations. Celles-ci étant différentes pour chacun, il va falloir pratiquer le management «sur mesure». Dans cette optique, convaincre, c'est procéder par petites touches à la manière d'un peintre. Un artiste en varie l'intensité, la direction et le rythme. C'est au manager de faire de même.

➤ Nous allons examiner comment vous allez *installer une relation de confiance* avec chacun de vos collaborateurs, en tenant compte de leurs a priori.

Puis, nous étudierons comment vous pouvez *les convaincre en identifiant leurs besoins profonds*. Nous suivrons, pour ce faire, la méthode développée dans les chapitres précédents.

Nous aborderons ensuite *la manière de soutenir et de relancer leur motivation* dans le temps, en encourageant leurs efforts et en leur donnant une zone d'autonomie «sur mesure».

Pour ce dernier point, nous serons amenés à nous intéresser plus particulièrement à l'étage affectif. Nous apporterons alors quelques éléments d'observation complémentaires à ceux qui ont déjà été développés dans le premier chapitre.

1. Les différentes étapes pour convaincre vos collaborateurs

Tenir compte des a priori de vos collaborateurs

Les difficultés du dialogue

JACQUES : *Nous allons modifier la procédure de règlement des factures des fournisseurs...*

PAUL : *Encore un changement ! Je trouve qu'on modifie beaucoup de choses ces derniers temps. C'était si mal auparavant ?*

JACQUES : *On ne peut pas toujours faire comme avant. Il faut avancer !*

PAUL : *Je ne suis pas contre le fait d'avancer, mais il faudrait comprendre pourquoi.*

JACQUES : *De toutes les façons, c'est décidé. Il faudra bien vous y faire...*

Portrait 3 *: Paul.*

Il est aisé d'imaginer la suite du dialogue entre Paul et Jacques. La communication est mal engagée. D'un côté, il existe un problème d'adaptation au changement. De l'autre, l'intransigeance et le désir de passer vite à autre chose prennent le pas sur la concertation.

Chacun va continuer à faire toujours «plus» dans son argumentation et les points de vue vont s'éloigner. La conversation va se terminer par : «*Maintenant, assez discuté, mettez en place la nouvelle procédure...*»

◆ *Savez-vous pourquoi Paul réagit ainsi à la proposition de Jacques ? Jacques pouvait-il prévoir sa réaction ?*

➤ Observez le visage de Paul. Ses récepteurs, et particulièrement ses yeux, sont petits et abrités. Ceci témoigne de sa méfiance vis-à-vis des changements. Mais, en profondeur, Paul n'est peut-être pas si opposé qu'il y paraît à la modification proposée. D'ailleurs, la pente de son front, qui est légèrement inclinée, l'atteste.

En réalité, il n'est pas mis en confiance par Jacques. Il aimerait vraisemblablement avoir une conversation approfondie sur les raisons de ces changements. Lorsque Paul dit : «*Encore un changement ! Je trouve qu'on modifie beaucoup de choses...*», il exprime ses réticences face aux mutations. Jacques, emporté par l'action, exprime sa propre motivation, «*avancer*», et ne tient pas compte de celle de Paul.

Comment aurait-il pu procéder ? Il fallait tout simplement l'écouter, lui faire préciser sa pensée. Il aurait ainsi réuni des informations lui permettant de répondre aux attentes de son collaborateur, et ainsi de lui rendre l'idée du changement moins redoutable. Il aurait pu également recueillir des suggestions intéressantes.

Pourquoi tenir compte des a priori ?

Nous pensons souvent bien connaître nos collaborateurs. Nous croyons également qu'ils nous connaissent bien. Si le fait d'être proches est un élément favorable à l'instauration de la communication, ne pensez pas que les a priori de votre entourage disparaissent pour autant.

Dans la vente, nous avons vu qu'il est important d'adapter sa présentation et les premiers mots de son discours. Il est tout aussi déterminant de tenir compte des a priori des collaborateurs dans le management car ces «appréciations spontanées» risquent parfois de bloquer toute communication et d'être source de démotivation. *Il s'agit d'établir une relation de confiance.*

Vous vous rappelez que les a priori se lisent aux récepteurs. Quand vos collaborateurs disposent de **récepteurs grands et en projection**, il vous est plus facile d'établir la confiance. Ils sont généralement ouverts et réceptifs, notamment au changement, car ils sont friands de nouveauté. Encore faut-il qu'ils sentent que vous allez les accompagner et que vous ne les «laisserez pas tomber».

Inversement, les collaborateurs qui présentent des **récepteurs petits et abrités** vous accorderont plus difficilement leur confiance. Ils veulent des précisions, des justifications. En un mot, ils veulent tester votre sérieux. Toutefois, si vous avez gagné leur confiance, elle sera durable.

Instaurer un dialogue constructif

Etudions un autre dialogue, celui de Georges, directeur commercial d'une P.M.E., avec l'un de ses proches collaborateurs, François, responsable de secteur.

GEORGES : *Vous savez que nous avons pour ainsi dire «fait le plein» sur notre clientèle traditionnelle. Près de 60 % des architectes sont déjà nos clients. Il nous faut nous tourner vers d'autres prospects.*

FRANÇOIS : *Se développer sur un nouveau marché, ce n'est pas si facile. De plus, c'est risqué. Il s'agit d'un travail de longue haleine. Il ne faut pas y aller sans préparation. D'ailleurs, est-ce bien le moment, dans cette conjoncture défavorable ?*

Portrait 4 : *François.*

L'intervention de François met en valeur les doutes que tout un chacun éprouve quand il est face à un challenge.

Comment allez-vous mettre François en confiance ? Observez ses récepteurs. Sont-ils plutôt ouverts et en avancée, ou au contraire petits et abrités ?

Vous remarquez que ses récepteurs sont abrités, et tout particulièrement les yeux.

François n'aime pas l'impromptu. Aussi, prenez un rendez-vous formel avec lui. Il y sera beaucoup plus réceptif. Pour lui prouver, dès le début de l'entretien, que votre propos est mûri, préparez des schémas et des graphiques.

D'emblée, laissez-le s'exprimer. Vous savez qu'il aime porter un regard critique sur ce qu'on lui présente. Peut-être va-t-il chercher à s'opposer dès votre première phrase ? Dans ces conditions, il est préférable, dans les premières minutes de l'entretien, de ne pas chercher à justifier votre position. Contentez-vous de recueillir ses remarques et de lui demander de préciser ses appréciations. Ce n'est qu'ensuite que vous pourrez argumenter. Votre dialogue pourrait continuer comme ceci :

«François, je suis d'accord avec vous. Cela ne sera pas facile. J'y ai réfléchi longtemps et j'ai envisagé plusieurs solutions. Elles se trouvent dans cette étude graphique que nous verrons ensemble tout à l'heure. Mais auparavant, j'aimerais votre avis. Dites-moi ce que vous pensez de ce qui n'est encore qu'un projet à valider...»

Ce développement permet de préparer François à une bonne écoute. Pour ne pas le prendre à l'improviste, vous avez prévu un rendez-vous. Pour établir la confiance, vous avez préparé des supports qui démontrent que votre projet est construit. Vous n'argumentez pas brutalement sur l'intérêt du sujet (voir le dialogue de Paul et Jacques, page 122). Vous préférez écouter et réserver vos arguments pour la deuxième phase de l'entretien.

EXERCICE 6

➤ Supposons que François dispose plutôt de récepteurs projetés. Comment procéderez-vous ? Vous trouverez la **réponse à la page 148**.

Argumenter en vous appuyant sur les besoins de vos collaborateurs

Le manager qui ne dispose pas de l'outil morpho-psychologique doit s'appuyer principalement sur son intuition, son expérience et... sa chance pour déterminer les besoins profonds de ses collaborateurs.

En effet, s'il peut, lors de l'embauche, recourir aux analyses graphologiques et autres méthodes de recrutement, il ne bénéficie plus d'aide par la suite. Il est pourtant bien difficile de manager ses collaborateurs sans connaître ce qui les motive.

Nous avons vu, dans les chapitres précédents, que les besoins profonds de vos collaborateurs se déduisent des mouvements de leur cadre et de leurs étages. Ces besoins sont plus spécialement orientés vers la conception si l'étage supérieur est le plus dilaté ou la réalisation si c'est l'étage inférieur qui est dominant.

• *Si le cadre de votre collaborateur est dilaté, vous constaterez qu'il a besoin d'un secteur toujours plus grand.* S'il s'occupe depuis quelque temps d'un département, il voudrait qu'on lui donne l'opportunité d'en traiter deux.

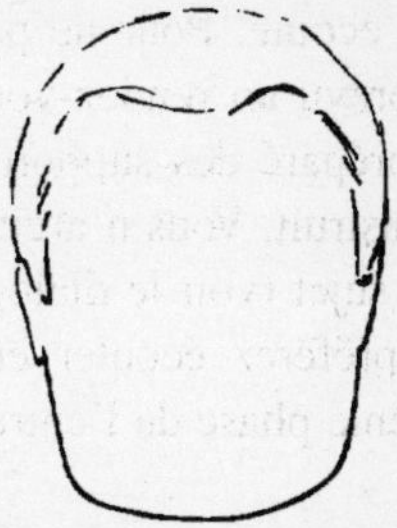

Croquis 46 *: C'est un homme de terrain...*

Vous risquez de perdre votre collaborateur si vous n'avez pas un volume suffisant de travail à lui confier. Pour le garder, vous serez peut-être amené à prendre la décision, par exemple, de racheter une nouvelle clientèle. C'est un homme de terrain que la concurrence agace. Il a envie de la réduire à néant ou de l'absorber. Il a besoin de dominer les événements comme il le souhaite et cherche à imposer son pouvoir. Il a souvent une ambition personnelle et matérielle importante.

• *A contrario, la rétraction pousse votre collaborateur vers la recherche de sécurité et de qualité.* Il est plutôt motivé par le développement d'une clientèle haut de gamme, à laquelle il va assurer un service de haute qualité.

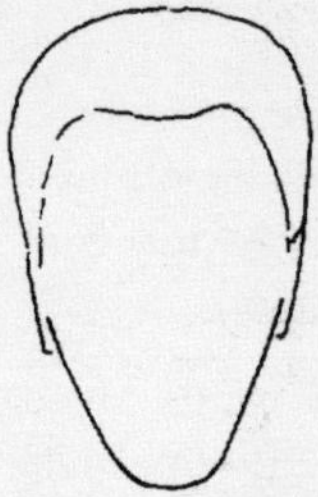

Croquis 47 : *Il privilégie la qualité...*

Pour limiter les risques, il s'entoure de multiples précautions. Privilégiant la qualité en toute chose, il est souvent partisan de mettre en place une démarche «qualité» dans l'entreprise. Il préfère développer ses activités à l'abri des regards indiscrets. Votre mode de management doit le sécuriser.

• *L'avancée traduit un besoin de conquérir de nouveaux marchés, de saisir toutes les occasions qui se présentent.*

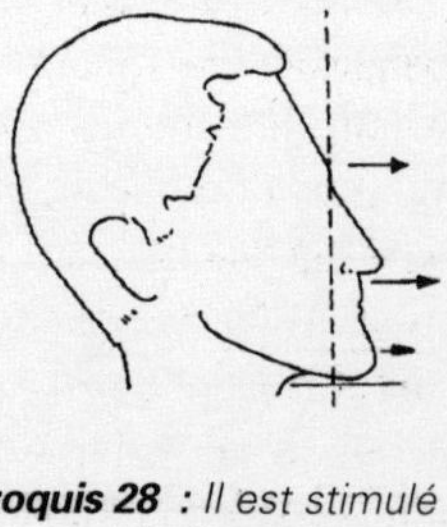

Croquis 28 : *Il est stimulé par le risque...*

Votre collaborateur est stimulé par le risque et par tout ce qui est lié à l'innovation technologique. La diversité le recharge en énergie, alors que la routine l'épuise. S'il ne satisfait son besoin de bouger, de changer, de se «frotter» au terrain, il s'étiole. A vous de lui confier des tâches qui représentent un challenge pour lui et qui l'enthousiasment, sinon vous risquez qu'il vous quitte.

• *La verticalité rend compte du besoin de prévoir, de se préparer aux situations les moins prévisibles.* C'est l'homme du scénario catastrophe car il prévoit toujours le pire. Il envisage toutes les difficultés qu'il pourrait rencontrer et élabore les parades les mieux adaptées.

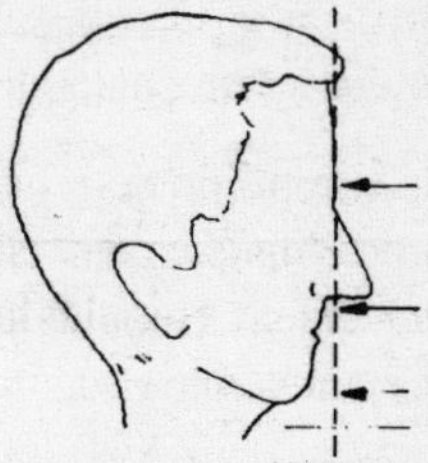

Croquis 29 : *Il a besoin de prévoir...*

Si vous souhaitez l'envoyer sur un nouveau marché, il mettra d'abord en place sa stratégie et organisera méthodiquement sa progression. Mais c'est plus un stratège qu'un homme de terrain. Il a constamment besoin de savoir où il va. Il exigera de vous beaucoup de rigueur dans le management.

◆ *Revenons à Georges et à François. Maintenant que la confiance est installée, voyons comment convaincre François de passer à l'action.*

Portrait 4 : *François.*

Vous remarquez que le cadre de François est moyen, ni franchement dilaté, ni rétracté. Son front est très droit ; par contre, son étage inférieur est en avancée. Vous savez que sur le plan intellectuel, il a un besoin profond de prévoir, de se préparer aux situations les plus imprévisibles. S'implanter sur un nouveau marché, c'est, pour lui, mettre en place une stratégie, organiser méthodiquement sa progression.

En revanche, sur le plan de la réalisation, François est un fonceur. Il a besoin de partir à la conquête de nouveaux secteurs d'activités. Il est stimulé par le risque. Infatigable, ses activités le rechargent en énergie.

Ainsi, conception et action fonctionnent, chez François, selon des logiques et des rythmes différents. Les deux sont théoriquement complémentaires mais ne fonctionnent pas toujours en harmonie. Georges doit en tenir compte. En effet, François peut parfois «oublier» ce qu'il a méthodiquement conçu et se lancer dans une improvisation effrénée. Georges a tout intérêt à mettre en place des «garde-fous» au cas où cette situation se présenterait.

Comment Georges peut-il argumenter ?

«François, je crois que nous avons une belle carte à jouer car nos prospects doivent impérativement s'équiper avant 2 ans. Nous devons sérieusement nous organiser. Mettez au point votre politique de produit, repérez les distributeurs les plus efficaces, réfléchissez à la façon dont vous pourrez convaincre les ténors de la profession. Prenez le temps nécessaire pour concevoir. Rien ne sert de courir. Mais dès que vous jugerez que vous êtes sur la bonne voie, mettez vos hommes sur la route et foncez selon le programme établi. Nous ferons le point régulièrement. Sur un marché aussi étroit, où tout le monde se connaît, il nous faut contrôler l'avancement de notre plan. Si nous devons le modifier, nous aviserons. De cette manière, je suis sûr que nous arriverons avant les autres.»

Conclure

Vous avez réussi votre argumentation. La motivation de votre collaborateur est renforcée. C'est le moment de conclure et de s'assurer de l'accord et de la motivation du collaborateur.

Pour bien terminer vos réunions, observez à nouveau les récepteurs de vos collaborateurs.

◆ *Les personnes aux récepteurs dilatés et en avancée sont centrées sur la relation. Vous pourrez leur laisser entendre que vous êtes à leur disposition afin qu'elles n'hésitent pas à vous contacter s'il y a un problème qui les empêche d'avancer. A l'opposé, les individus aux récepteurs rétractés et abrités souhaiteront que les points importants de la discussion soient résumés et que la date d'une prochaine réunion soit arrêtée.*

Reprenons l'intégralité du dialogue entre Georges et François et examinons comment il termine l'entretien.

Préambule :

GEORGES : *Vous savez que nous avons pratiquement «fait le plein» sur notre clientèle traditionnelle. Près de 60 % des architectes sont déjà nos clients. Il nous faut nous tourner vers d'autres prospects.*

FRANÇOIS : *Se développer sur un nouveau marché, ce n'est pas si facile. De plus, c'est risqué. Il s'agit d'un travail de longue haleine. Il ne faut pas y aller sans préparation. D'ailleurs, est-ce bien le moment, dans cette conjoncture défavorable ?*

Prise en compte des a priori :

«François, je suis d'accord avec vous. Cela ne sera pas facile. J'y ai réfléchi longtemps et j'ai envisagé plusieurs solutions. Elles se trouvent dans cette étude graphique que nous verrons ensemble tout à l'heure. Mais, auparavant, j'aimerais votre avis. Dites-moi ce que vous pensez de ce qui n'est encore qu'un projet à valider...»

Argumentation :

«François, je crois que nous avons une belle carte à jouer car nos prospects doivent impérativement s'équiper avant 2 ans. Nous devons sérieusement nous organiser. Mettez au point votre politique de produit, repérez les distributeurs les plus efficaces, réfléchissez à la façon dont vous pourrez convaincre les ténors de la profession. Prenez le temps nécessaire pour concevoir. Rien ne sert de courir. Mais dès que vous jugerez que vous êtes sur la bonne voie, mettez vos hommes sur la route et foncez selon le programme établi. Nous ferons le point régulièrement. Sur un marché aussi étroit, où tout le monde se connaît, il nous faut contrôler l'avancement de notre plan. Si nous devons le modifier, nous aviserons. De cette manière, je suis sûr que nous arriverons avant les autres.»

Conclusion :

«Nous venons de mettre au point notre stratégie de développement pour les prochaines années. Il s'agit d'une décision importante que je vais présenter au prochain conseil d'administration. Avez-vous des questions complémentaires à me poser ? Pensez-vous qu'il faille creuser tel ou tel aspect du projet ? Je prépare le texte pour le conseil. Réfléchissez de votre côté. Nous en discuterons ensuite. Mardi prochain, 15 h, cela vous convient-il ?»

EXERCICE 7

LANCEMENT D'UN SERVICE TÉLÉPHONIQUE

➤ Votre banque lance un nouveau service téléphonique centralisé destiné aux particuliers. Les clients peuvent joindre au siège le service «Tel-bank» de 8 à 22 h, six jours par semaine.

Vous êtes responsable d'une agence de province. Vous organisez une réunion de présentation à votre équipe. Vous savez que cette nouvelle approche commerciale a déclenché, quand elle a été présentée par vos collègues des autres agences, un grand nombre de réactions aussi contradictoires que passionnées. Si certains pensent que la banque a tout à gagner, d'autres se sont déclarés farouchement opposés au projet.

Les a priori : vous vous remémorez le visage de chacun. Vous préparez d'autant plus minutieusement votre intervention que leurs a priori sont très divers. Vous devez d'abord vous intéresser à ceux qui vous semblent les plus réticents, sinon ils risquent d'influencer négativement les autres. Observez les récepteurs d'Alain, Christine, Hubert et Joseph (p. 134-135). Examinez également le rapport récepteurs / cadre. Déterminez les a priori de chacun.

Les arguments : pour simplifier, recherchez un seul mouvement au cadre. Maintenant, trouvez les arguments les plus percutants pour chacun d'eux.

Corrigé p. 148 et 149.

Portrait 1 *: Alain.*

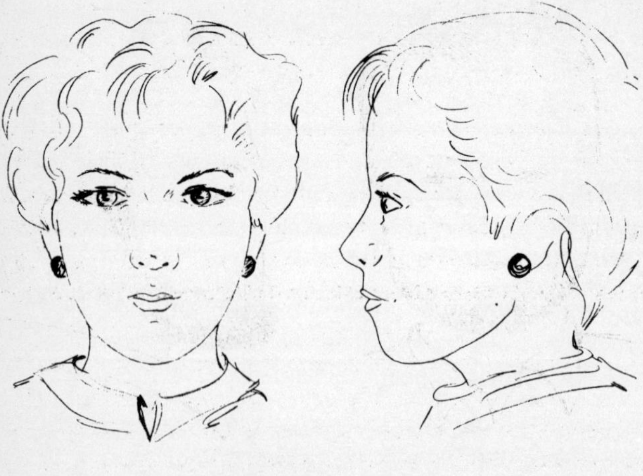

Portrait 5 *: Christine.*

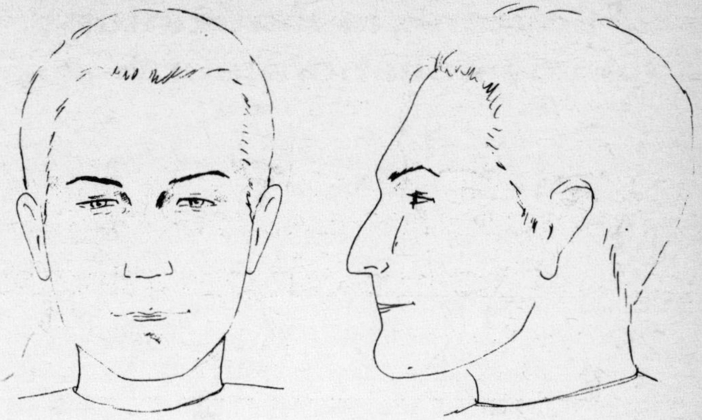

Portrait 6 : *Hubert.*

Portrait 2 : *Joseph.*

2. Soutenir la motivation de vos collaborateurs

Nous vivons dans une société où tout se quantifie. Cette multiplication des chiffres pour rendre compte de toutes les situations laisse peu de place au qualitatif. Pourtant, se limiter à l'aspect quantitatif, c'est renoncer à prendre en compte l'affectif qui joue un rôle fondamental. Notre affectif colore, en effet, tout ce que nous faisons. Il constitue un élément de motivation important dans toutes les actions que nous menons. C'est lui qui nous donne le cœur à l'ouvrage, l'enthousiasme à entreprendre.

Vos collaborateurs désirent que leurs efforts soient autant reconnus que leurs résultats. Aussi, il ne suffit pas d'éveiller la motivation chez eux. Il faut l'entretenir. Gérer leurs efforts, ce n'est pas seulement les féliciter globalement une seule fois par an, mais valoriser, jour après jour, les tentatives et les réussites de chacun. C'est dans ces conditions que la valorisation devient un puissant levier de motivation. Elle pousse vos collaborateurs à poursuivre leurs efforts. C'est important car la réalisation des objectifs de l'entreprise en dépend.

D'autre part, chaque collaborateur va vous demander une disponibilité différente, il attendra de vous une forme de relation spécifique en fonction de l'autonomie qu'il souhaite et qu'il peut assumer.

Dans un premier temps, nous allons nous intéresser aux attentes de chaque individu en matière de valorisation ; puis nous aborderons la façon de manager chacun de vos collaborateurs en fonction de leur personnalité.

Valoriser et encourager

Comment valoriser ? Pour être bien perçue, une valorisation doit être précise et authentique. Il s'agit de mettre en valeur et de reconnaître un fait concret, isolable et défini dans le temps. Chacun réagit différemment aux valorisations.

• *Les récepteurs constituent les instruments de contact avec l'environnement.* Ils sont à examiner dans leur ensemble pour définir les attentes de votre collaborateur en matière de relation et donc également vis-à-vis de vous. Cependant, le nez, récepteur correspondant à l'étage affectif, joue un rôle privilégié.

• *Le nez reflète notamment la perception des ambiances.* Les mouvements qui y sont présents permettent de déduire quels éléments de la réalité le collaborateur a tendance à privilégier, parfois au détriment des autres. Il indique également comment il va exprimer ses ressentis : avec spontanéité ? Avec retenue ? Facilement ? Difficilement ?

Approfondissons à présent les mouvements des récepteurs et plus spécifiquement du nez, pour comprendre les attentes psychologiques qu'ils reflètent.

Les 4 mouvements aux récepteurs et au nez et leur signification

• **La rétraction des récepteurs** apporte la sensibilité de perception. La finesse des ailes du nez permet de percevoir et de s'exprimer d'une façon fine et nuancée. Lorsque le nez reste court, l'individu a tendance à dramatiser les événements et à surévaluer les dangers. Ses réactions sont souvent très rapides.

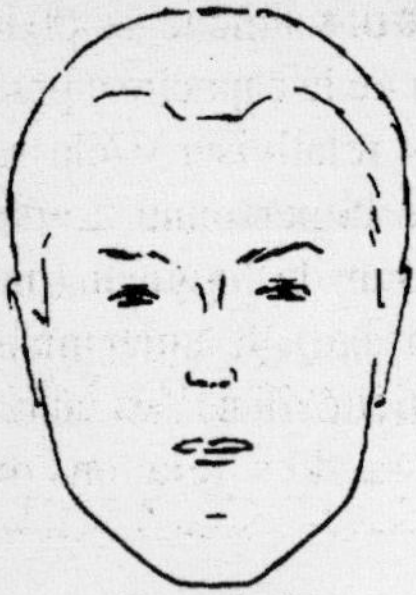

Croquis 65 :
Récepteurs rétractés.

Croquis 66 :
Nez très court, ailes fines.

Hypersensible, votre collaborateur perçoit les messages avec intensité. Les valorisations doivent être formulées avec beaucoup de tact et de nuance. Elles vont le soutenir, lui communiquer de l'énergie, le motiver. Par contre, il vit mal l'absence de reconnaissance. Si le nez petit et fin révèle une intense attente de signes de reconnaissance, le nez charnu indique davantage une demande d'affection.

Croquis 67 : *Nez charnu.*

Ce personnage réagit souvent très affectivement aux situations et apprécie particulièrement la valorisation qui le stimule.

• **La dilatation des récepteurs** amène le plaisir du contact et l'allongement du nez donne la capacité à percevoir l'ensemble des situations et à les relativiser. Cela ralentit également le temps de réaction de la personne. Lorsque le nez possède quatre mouvements dont la longueur (hauteur du nez = 1/3 de la hauteur du visage), le sujet manifeste généralement beaucoup de simplicité dans les échanges, quels que soient ses interlocuteurs. Les relations restent cependant plus superficielles.

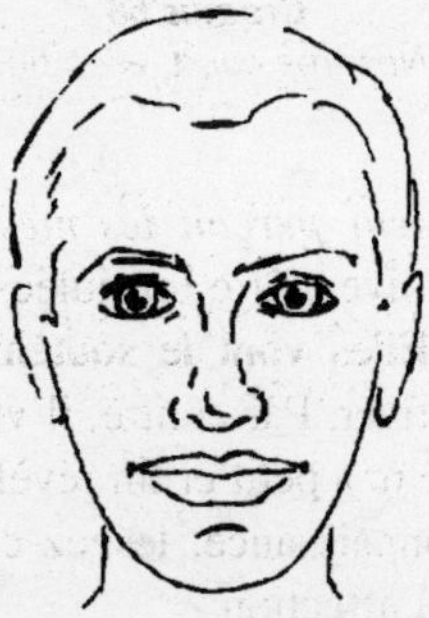

Croquis 6 *: Récepteurs dilatés.*

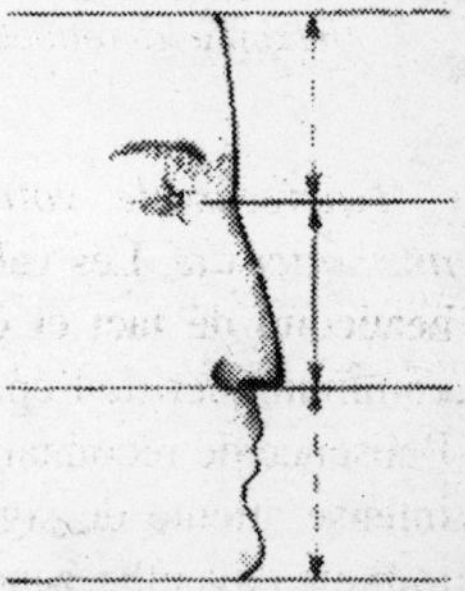

Croquis 68 *: Nez long.*

Le nez long indique que votre collaborateur possède un bon niveau de confiance en lui et une bonne aisance dans les contacts. A l'écoute d'autrui, il a un grand souci du consensus, ce qui lui donne des qualités indéniables pour diriger une équipe. La flatterie a peu de prise sur lui. Aussi, les valorisations auront moins d'impact sur son comportement. Ce n'est pas pour autant qu'il ne faut pas en faire.

• **L'avancée des récepteurs** est signe d'élan vers autrui, mais aussi de dépendance, si les récepteurs ne présentent pas de mouvement d'abritement par ailleurs.

Croquis 14 :
Récepteurs en avancée.

Croquis 69 :
Extrémité du nez saillante.

L'avancée de l'extrémité du nez, qui met les narines «au vent», apporte la spontanéité des expressions. Le collaborateur aime pouvoir exprimer sur-le-champ ce qu'il ressent. Lorsqu'il a quelque chose à dire, il attendra difficilement la tenue de la prochaine réunion pour s'exprimer.

Avec un côté joueur, il a horreur de l'indifférence et il adore provoquer autrui, pour le plaisir. Très sensible aux ambiances, il aime la convivialité. Il travaillera difficilement avec des personnes qui ne lui sont pas sympathiques. Il a un grand besoin d'être épaulé, encouragé et valorisé pour poursuivre un travail avec confiance. Plus le nez est court, plus l'individu est stimulé par le compliment.

• **L'abritement des récepteurs** traduit une grande retenue dans les comportements. Elle reflète également une revendication d'autonomie. Le collaborateur aime pouvoir se gérer tout seul. Des narines abritées et la forme convexe de l'arête indiquent une réserve de l'individu, qui retient ses sentiments et préserve son intimité.

Croquis 15 : *Récepteurs abrités.*

Croquis 70 : *Narines abritées.*

Le collaborateur qui possède un nez aux narines abritées ne prend pas pour argent comptant ce que vous lui dites. Il prend du recul et se donne le temps d'analyser le contenu de la valorisation, car il est méfiant. Et pourtant, plus le nez est court, plus il est sensible au fait qu'on le reconnaisse «à sa juste valeur».

Il aime bien qu'on lui délègue totalement une tâche. Il a, en principe, suffisamment d'autonomie pour se stimuler lui-même.

◆ *Les ressentis associés aux mouvements des récepteurs peuvent être, selon les cas, atténués ou amplifiés par la rétraction des muscles zygomatiques.*

Les muscles zygomatiques et leur signification

Ces muscles jouent un rôle important dans l'expression des émotions. Leur présence se décèle par un renflement qui prolonge la joue, du dessous de l'œil jusqu'aux ailes du nez.

Croquis 71 :
Muscles zygomatiques présents.

Croquis 72 :
Décharnement de ces muscles.

Lorsque les muscles zygomatiques sont décharnés, ils forment un creux entre les ailes du nez et les pommettes. On l'appelle la rétraction latéro-nasale (RLN). C'est ainsi que la lèvre inférieure peut être tirée en arrière ; c'est le degré le plus faible de ce mouvement. Le creux peut se prolonger jusqu'à la cavité oculaire. Il s'agit là d'une très forte rétraction latéro-nasale.

La RLN correspond à un mouvement de retrait de l'étage affectif et donne à l'individu de la retenue dans l'expression des sentiments.

Au premier degré, elle constitue un simple mouvement de modération.

Lorsqu'elle est plus marquée, elle peut représenter un véritable frein dans les relations avec autrui. L'individu redoute de souffrir ou de se faire avoir. C'est notamment le cas lorsque le nez est par ailleurs rétracté ou avec des narines abritées. Dans ce cas, il devient particulièrement difficile de le valoriser, tant il est hypersensible.

Pratiquer la délégation «sur mesure»

Les collaborateurs sont plus performants si vous leur permettez de prendre des décisions, d'assumer des responsabilités sans en référer automatiquement à un supérieur.

Est-ce à dire que chacun ressent le même désir d'autonomie ? Quelle zone d'indépendance faut-il laisser à chacun de vos collaborateurs ? Devez-vous faire le point de ses activités chaque semaine ou chaque trimestre ? L'analyse des résultats doit-elle être détaillée ou globale ?

• *Ce sont les collaborateurs qui ont le nez court ou en avancée qui vont vous demander le plus de disponibilité.* En effet, ils seront particulièrement sensibles à la fréquence des contacts, qui les stimulent.

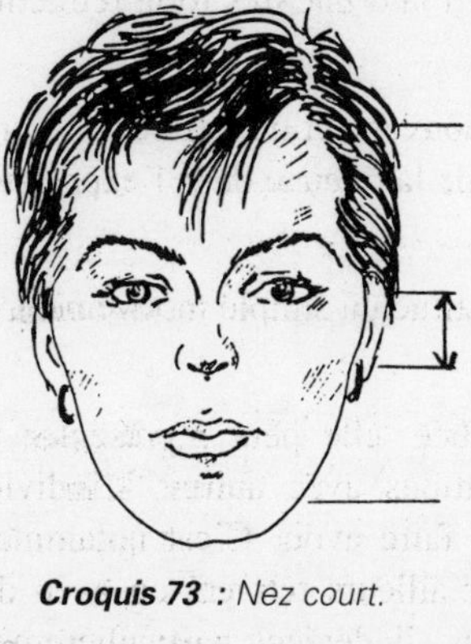

Croquis 73 : *Nez court.*

Croquis 69 : *Nez en avancée.*

La motivation de ces collaborateurs doit être entretenue et renforcée à l'occasion de nombreux contacts, souvent informels. Ceux-ci doivent être chaleureux et pas nécessairement planifiés. Ces collaborateurs demandent une grande disponibilité de votre part et une politique «de la porte ouverte». Ils ont besoin de pouvoir venir vous parler au fur et à mesure de leurs projets ou des difficultés qu'ils rencontrent au jour le jour. Ils donneront le maximum d'eux-mêmes si le mode de relation dans l'entreprise est chaleureux et convivial.

- A l'opposé, les collaborateurs qui disposent d'un nez long ou convexe souhaitent des contacts moins fréquents, plus planifés. La connotation affective de la relation est plus secondaire.

Croquis 74 : *Nez long.*

Croquis 70 : *Nez convexe.*

Ces collaborateurs peuvent attendre, sans frustration, la tenue d'une prochaine réunion pour vous livrer leurs conclusions. Le nez concave indique que votre collaborateur souhaite avoir un contrat clair avec vous, qui lui donne la possibilité de se gérer tout seul pendant un laps de temps donné, sans avoir à en rendre compte.

Ainsi, l'observation du nez donne des indications intéressantes pour savoir quelle autonomie donner à un collaborateur. Cependant cette information doit être complétée et relativisée par l'analyse de l'ensemble des récepteurs, qui reflètent dans leur totalité les attentes de l'individu en matière de relation.

Pour avoir une vision plus complète de la vie affective d'un sujet, il faudrait également étudier les pommettes, qui traduisent les besoins affectifs profonds d'un sujet et son capital de rayonnement affectif. Mais cela n'est pas notre propos dans ce chapitre.

Le besoin d'autonomie est différemment ressenti selon les personnes. Par conséquent, vous avez tout intérêt à personnaliser vos contacts, à en moduler le rythme et la forme. Vous devez également tenir compte de l'évolution de tel collaborateur qui sollicite, au fur et à mesure de son expérience, plus d'autonomie. C'est généralement le signe que le collaborateur est prêt pour assumer de nouvelles tâches ou de nouvelles fonctions.

Applications pratiques

➤ Pour réaliser la synthèse des éléments que nous venons d'évoquer, nous vous proposons d'observer les visages d' Yves et Lydie, deux vendeurs de la société.

Examinez successivement :
— leurs récepteurs et notamment le nez;
— le mouvement du cadre.

A partir de ces éléments, déterminons la zone d'autonomie qu'Yves et Lydie apprécient.

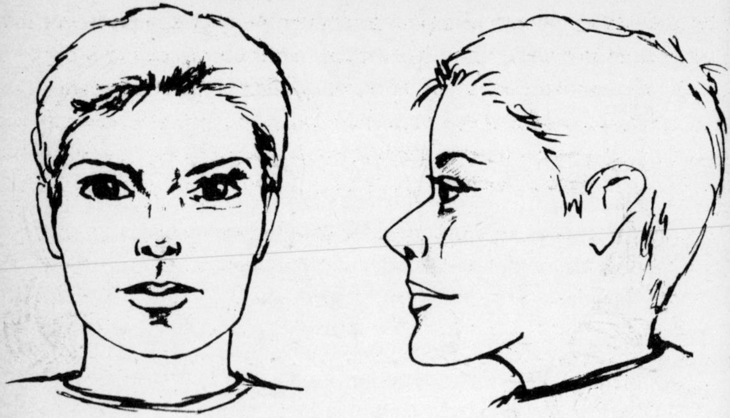

Portrait 7 : *Yves.*

Vous remarquez qu'Yves dispose de récepteurs ouverts et en avancée. Son nez est court avec des narines «au vent». Son cadre, très profond, est globalement dilaté. Les pommettes sont saillantes.

Le contact est vital pour lui. Vous devez le rencontrer très régulièrement car il a besoin de ne pas se sentir isolé. Il est important qu'il puisse s'exprimer, vous décrire ses réussites et ses échecs.

Vous pouvez faire des suggestions. Elles seront plutôt bien accueillies. Toutefois, il faut faire attention à ne pas remettre en cause ce qui touche à son pouvoir : il le prendrait très mal. C'est à vous de maintenir avec subtilité son moral au beau fixe car il risque de se décourager s'il ne se sent pas soutenu et compris.

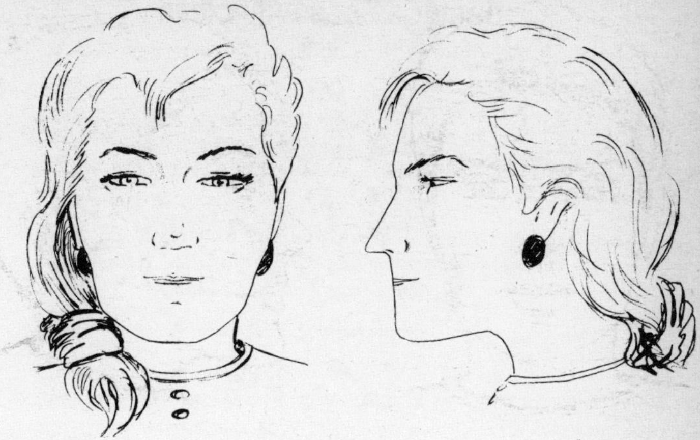

Portrait 8 *: Lydie.*

Lydie a un nez plus long que celui d'Yves, avec des narines protégées. Ses autres récepteurs sont plutôt petits et abrités. Son cadre est plutôt solide.

Lydie souhaite disposer de plus d'autonomie. Elle aime assumer seule ce qu'elle entreprend. Sa tendance concentrée lui confère une grande ténacité dans tout ce qu'elle réalise (cf. p. 178). Les rencontres peuvent être moins fréquentes. Les conversations porteront plus facilement sur les résultats que sur les conditions dans lesquelles ils ont été atteints car elle aime la sobriété d'expression.

Les suggestions sont à manier avec prudence car Lydie pourrait penser que sa manière de procéder n'est pas appréciée et se lancer dans une auto-justification.

CORRIGÉS DES EXERCICES

- **Exercice 6, p. 126.**

Si votre collaborateur a des récepteurs projetés en avant, vous pourriez dire ceci :

VOUS : *François, vous savez que nous avons pratiquement «fait le plein» sur notre clientèle traditionnelle. Près de 60 % des architectes sont déjà nos clients. Il nous faut nous tourner vers d'autres prospects.*

FRANÇOIS : *Vous m'intéressez beaucoup...*

VOUS : *Que pensez-vous de cette idée ? Regardons-la ensemble. Imaginez que nous partons à la conquête d'un nouveau marché sans avoir à augmenter nos frais de développement. Notre société serait le leader de ce marché. Savez-vous comment nous ferons ?*

Comme vous pouvez le remarquer, l'aspect formaliste est moins déterminant. Il vous est possible d'improviser une réunion dans la mesure de l'emploi du temps de François. Sachant qu'il est a priori curieux, il sera d'autant plus réceptif que vous saurez lui communiquer votre enthousiasme.

Vous faites, en préambule, un exposé imagé qui lui permet de visualiser la situation de la société dans quelque temps. Vous lui demandez son avis. En s'exprimant, François va commencer à se convaincre lui-même. Ceci va accélérer la « mise en phase ».

- **Exercice 7, p. 133.**

Les a priori

— **Alain** : ses récepteurs sont dilatés. Par contre, son cadre est globalement rétracté. Il est a priori confiant (récepteurs, et surtout yeux, dilatés). Il pense que la banque à beaucoup à gagner dans cette entreprise mais il est plutôt influençable (yeux dilatés dans un cadre rétracté). Il se rangera à l'avis du groupe. Par conséquent, vous ne pouvez guère compter sur lui pour convaincre ses collègues.

— **Christine** : ses récepteurs sont en avancée. Son cadre, et notamment son front, est vertical. A priori curieuse, elle semble enthousiasmée par le côté novateur du projet. Toutefois, elle peut très vite montrer des réticences et demander des délais pour se prononcer. En réalité, elle est partagée entre le désir de participer à une opération exaltante et la crainte que tout n'ait pas été suffisamment préparé (tendance pendulaire inversée, récepteurs en avancée / cadre vertical).

— **Hubert :** ses récepteurs sont abrités, particulièrement les yeux. L'ensemble du cadre est en avancée. Il attend des preuves sérieuses quant à l'efficacité de la mesure car il a un a priori prudent à méfiant. Toutefois, il peut devenir enthousiaste si le caractère novateur du projet ressort (tendance pendulaire, récepteurs abrités / cadre en avancée). Il pourra devenir « partant » au moment où Christine s'interrogera sur l'opportunité du projet.

— **Joseph :** il dispose de récepteurs rétractés. Son cadre est globalement dilaté, notamment le front. A priori fermé, il pense que ce changement ne peut rien apporter à la banque. De plus, il voudrait des précisions sur les modalités de mise en place. Il pense que la direction n'a pas engagé la concertation comme il l'aurait souhaité sur ce sujet fondamental.

Les arguments

— **Alain** : *Ce nouveau service que la direction générale a décidé d'instaurer, va permettre d'améliorer la qualité des services offerts à la clientèle pour notre banque et va assurer sa pérennité* (rétraction au cadre).

— **Christine** : *L'approche commerciale de notre banque est l'aboutissement de longues études. Elle nous permet de mieux contrôler son expansion* (verticalité du cadre).

— **Hubert** : *Le projet donne à notre banque des moyens efficaces pour partir à la conquête de nouveaux marchés* (avancée au cadre).

— **Joseph** : *La nouvelle politique commerciale de notre banque est au service de la stratégie d'expansion qu'elle s'est fixée* (dilatation au cadre). *La direction générale laisse à la direction des agences le soin de mettre en place concrètement ces dispositions.*

Vous remarquerez que tous ces arguments sont parfaitement cohérents et complémentaires. Ils décrivent les différentes facettes et composantes de la nouvelle politique commerciale.

Toutefois, chaque individu est plus sensible, parfois à son insu, à l'argument qui satisfait ses besoins profonds (mouvements du cadre). Utilisez les arguments qui correspondent aux besoins profonds de vos collaborateurs. Vous constaterez que vos messages passent plus aisément.

CHAPITRE 5

Développer votre force de conviction

Dans les chapitres précédents, vous avez appris à pratiquer l'art de convaincre un prospect, un recruteur, puis un collaborateur au travers d'une démarche sur mesure, adaptée à la personnalité de votre interlocuteur. Nous avons ainsi développé des méthodes centrées sur la personne à convaincre.

Cependant, l'art de convaincre repose aussi en partie sur une manière d'être de celui qui doit convaincre. Cette manière d'être est fonction de sa personnalité. Chaque personnalité est unique et possède un potentiel de conviction qui lui est propre. Nous allons voir comment vous pourriez développer votre force de conviction personnelle.

Ainsi, nous vous proposons d'aller à la rencontre de vous-même et de découvrir votre personnalité. C'est en vous appuyant sur celle-ci que vous ferez croître votre force de conviction.

Par ailleurs, vous avez pu observer que l'art de convaincre nécessite une grande attention envers l'autre pour comprendre ses attentes et ses besoins. Développer cette aptitude d'écoute est une condition primordiale pour être capable de convaincre. Nous verrons ce qui, de notre fait et bien souvent involontairement, nous empêche d'être totalement disponible pour entendre l'autre : nos craintes, nos complexes, nos blocages... Nous irons chercher quelques clés du côté de la psychologie.

• La première démarche que nous vous proposons, c'est la découverte de votre personnalité. Nous verrons d'abord ce que vous avez de plus spécifique à travailler pour pouvoir appliquer de façon efficace les différentes étapes de la démarche destinée à convaincre.

• Puis, nous vous proposerons de faire l'inventaire de vos aptitudes intellectuelles et de réalisation pour pouvoir encore mieux les utiliser.

• Nous examinerons enfin ce qui, dans votre manière d'être, peut faire obstacle à la communication. Nous aborderons la façon de dépasser certaines inhibitions.

1. «Connais-toi toi-même»

La devise de Socrate, «Connais-toi toi-même», est toujours d'actualité. Elle constitue un préalable à tout travail sur soi. Chacun possède une force de conviction qui lui est personnelle. Pour pouvoir la développer, il lui faut d'abord avoir fait un «état des lieux», c'est-à-dire avoir fait le point sur qui il est à un moment donné.

Pour pouvoir convaincre un interlocuteur, il est souhaitable d'avoir conscience de ce que nous sommes afin de ne pas lui attribuer nos propres ressentis.

◆ *Parallèlement au travail de découverte de vous-même par les formes de votre visage, nous vous proposons de vous remémorer des situations où un interlocuteur est parvenu à vous convaincre alors que vous n'y étiez pas préparé. Comment s'y est-il pris ? Quels arguments a-t-il utilisés ? Examinez aussi les situations où l'on ne vous a pas convaincu, alors qu'a priori cela aurait été possible. Quels arguments de votre interlocuteur vous ont heurté ?*

Etudiez à présent votre visage. Nous vous conseillons de travailler avec une photo de face et une autre de profil.

Nous vous proposons, dans un premier temps, d'observer votre visage en suivant la démarche qui vous a été proposée pour convaincre un interlocuteur : «Connais tes a priori» et «Connais tes besoins fondamentaux». Cette exploration vous permettra de savoir ce que vous aurez avantage à travailler dans la préparation de vos entretiens.

Ensuite, nous approfondirons vos aptitudes intellectuelles

et de réalisation et nous envisagerons comment vous pouvez encore les développer.

Connais tes a priori

Vous allez à présent vous centrer sur l'observation de vos récepteurs. Cherchez quel est — quels sont — le(s) mouvement(s) dominant(s) à chacun de vos récepteurs.

Yeux				
Nez				
Bouche				

Examinons, par exemple, le visage de Caroline :

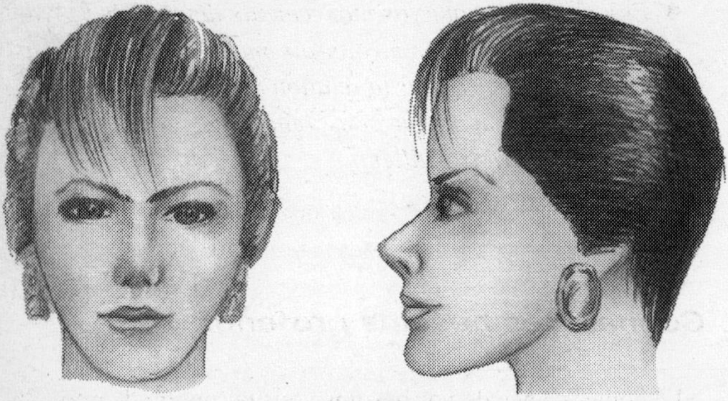

Portrait 9 *: Caroline.*

Yeux	*Dilatation*	*Avancée*	*Abritement*
Nez	*Avancée*	*Rétraction*	
Bouche	*Avancée*	*Dilatation*	

Les yeux sont grands et bombés. Ils sont légèrement abrités. Le nez possède des narines «au vent» (avancée). Les ailes en sont fines (rétraction). La bouche est également en avancée et charnue (dilatation). Ainsi, l'avancée est commune aux trois récepteurs, tandis que la dilatation est présente à deux récepteurs.

Caroline est a priori curieuse et ouverte. Elle aime la spontanéité et la convivialité. Elle apprécie l'improvisation et le fait de vivre dans l'immédiateté. Elle aime pouvoir parler à autrui de ce qui lui plaît, de ce qu'elle ressent, au fur et à mesure, sans forcément structurer ses interventions.

Rappelons-nous que l'observation des récepteurs indique les attentes d'un individu en matière de communication et la manière dont on peut le mettre en confiance. Caroline entrera aisément en communication avec les personnes spontanées, éprises de fantaisie, qui lui ressemblent.

◆ *Et vous, quels sont vos mouvements dominants ? Avec quelles personnes entrez-vous aisément en communication ? Avec quelles autres la relation est-elle plus difficile ? C'est précisément là où vous rencontrez des difficultés qu'il vous faudra travailler.*

Connais tes besoins profonds

La connaissance de vos besoins vous permettra de prendre une certaine distance par rapport à eux. Vous serez ainsi mieux en mesure d'avancer des arguments qui ne vous sont pas familiers mais dont vous savez qu'ils parleront à votre interlocuteur. Cette distanciation par rapport à soi n'est possible que si l'on a une excellente connaissance de ses propres fonctionnements. Nous aborderons d'abord le cadre dans son ensemble, puis nous nous intéresserons au volume des différents étages.

Les besoins reflétés par votre cadre

Classez les mouvements de votre cadre par ordre d'intensité décroissant, du plus intense au moins intense.

Cadre				

Voyons, à titre d'exemple, la hiérarchie des mouvements au cadre de Bernard :

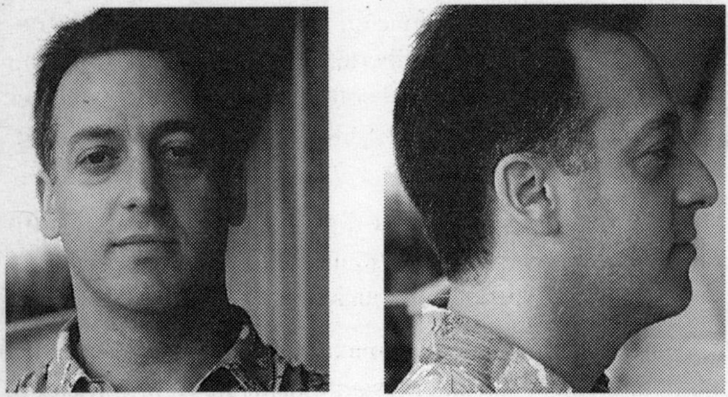

***Photo 7** : Bernard.*

La hiérarchisation des mouvements de son cadre est la suivante :

Avancée	*Rétraction*	*Dilatation*	*Verticalité*

Le visage de Bernard nous montre un front incliné et les deux autres étages en avancée. C'est donc le mouvement «d'avancée» qui domine et nous le mettons en premier dans la hiérarchie.

Nous observons ensuite que son cadre de face forme un rectangle allongé; il est donc rétracté. Ce mouvement vient en deuxième place.

La dilatation, présente au front et à la mâchoire, vient en troisième. Le mouvement le plus faible, qui vient en quatrième position, est la verticalité. Elle apparaît sous la forme d'une barre de réflexion (voir p. 176) située au milieu du front, et d'un creux logé juste au-dessus du menton (voir plus loin, p. 187).

➤ Le mouvement le plus marqué sur le cadre de Bernard — l'avancée — nous indique qu'il a un besoin vital de mouvement, de nouveauté, de liberté, de challenges. Il doit avoir l'impression d'un intérêt chaque jour renouvelé pour ses activités. Son dynamisme est communicatif et entraîne les autres à sa suite.

Par contre, il est impatient d'agir et peut avoir des difficultés à comprendre des personnes qui ont besoin de réfléchir longtemps et sont très soucieuses de s'économiser.

Ainsi, pour convaincre un maximum de prospects, il devra particulièrement travailler les arguments liés à la verticalité.

Voyons à présent le visage de Sylvie. Examinons la hiérarchie des mouvements de son cadre :

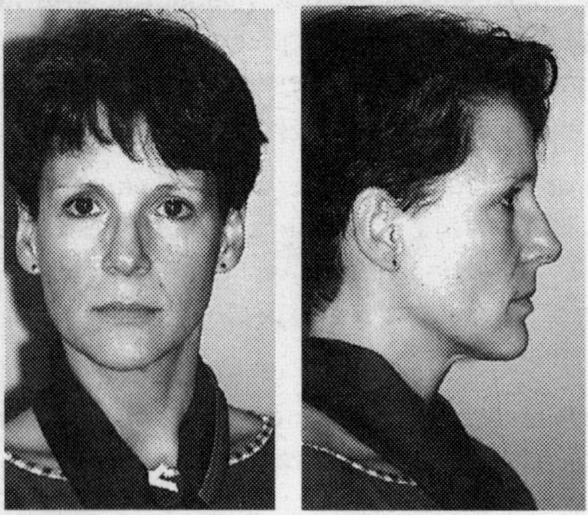

Photo 8 *: Sylvie.*

La hiérarchisation des mouvements de son cadre est la suivante :

Rétraction	*Verticalité*	*Avancée*	*Dilatation*

Nous mettons la rétraction en premier mouvement car le visage de Sylvie est très étroit. En second vient le mouvement de verticalité car les trois étages sont sur un même alignement vertical. Les deux premiers mouvements sont d'intensités très proches.

Les troisième et quatrième mouvements arrivent loin derrière. L'avancée est présente, d'une façon légère à l'étage moyen, au menton et au front sous la forme des méplats des tempes (voir p. 172). Les signes de dilatation sont le volume du front et la profondeur de la mâchoire.

➤ Les deux premiers mouvements du cadre, la rétraction et la verticalité, étant très proches, Sylvie possède simultanément de grandes exigences de qualité, de sécurité et de rigueur. Elle a besoin que soient précisément définis le cadre, les conditions et les limites de ses interventions pour pouvoir déployer son dynamisme, qui est alors sans faille.

Sa force de conviction repose sur une autorité de compétence liée à son grand professionnalisme. Très minutieuse, elle aime la perfection. Elle a quelques difficultés à comprendre les personnes qui font passer la quantité et la rapidité avant la qualité.

Pour convaincre l'ensemble de ses collaborateurs, elle devra travailler tout particulièrement les arguments liés à la dilatation et à l'avancée.

Rappelons-nous que les arguments pour convaincre se déduisent des besoins profonds situés dans le cadre. Nous n'aurons aucune difficulté à convaincre des personnes qui nous ressemblent. Il nous faudra, par contre, travailler tout particulièrement les arguments qui ne correspondent pas à notre nature profonde.

- Le cadre dilaté devra travailler les arguments sécurisants de la rétraction.
- Le cadre rétracté devra étudier sérieusement les arguments expansionnistes de la dilatation.
- Le cadre en avancée devra s'imprégner des exigences de rigueur de la verticalité.
- Le cadre vertical devra approfondir les besoins de nouveauté et de mobilité liés à l'avancée du cadre.

Le fait de connaître précisément vos besoins profonds vous permettra de mieux les satisfaire. Comme ils constituent vos bases et votre source d'énergie, il est important que vous les preniez en compte dans l'équilibre de votre vie quotidienne. Ils doivent trouver leur satisfaction dans une vie professionnelle qui leur convient, ou dans un cadre extra-professionnel. Votre force de conviction repose sur une confiance en vous et un enthousiasme qui se développent considérablement lorsque vos dispositions naturelles trouvent leur épanouissement.

• Si, sur votre portrait, vous avez mis en premier la dilatation, vous avez une grande réserve d'énergie à dépenser et un besoin vital de disposer d'un grand territoire pour œuvrer à votre aise.

• Si c'est la rétraction qui domine, vous devez trouver dans votre environnement qualité et sécurité.

• Si c'est l'inclinaison qui domine, il vous faut des challenges, de la nouveauté, la possibilité de prendre des risques.

• Si c'est la verticalité qui domine, vous donnerez le maximum de vous-même si vous savez précisément quels sont les objectifs à atteindre et quelles sont les limites de votre responsabilité.

Intéressons-nous à présent simultanément aux deux premiers mouvements de votre cadre.

- Si vos deux premiers mouvements sont la rétraction et la verticalité ou la dilatation et l'inclinaison, ces deux mouvements allant dans le même sens, vous aurez des exigences compatibles. C'est le cas chez Sylvie que nous venons d'analyser (photo 8, p. 158). Ses deux premiers mouvements sont la rétraction et la verticalité. Ils relèvent d'exigences compatibles : la sécurité et la rigueur.

- Vous pouvez aussi avoir des mouvements aux exigences contradictoires : chez Bernard (photo 7, p. 156), les deux premiers mouvements sont l'avancée et la rétraction. Il a simultanément besoin de vivre dans le changement et d'être en sécurité. Bernard devra relever le défi de concilier au quotidien ses deux exigences contradictoires. Il lui faudra trouver une structure relativement souple, dans laquelle il goûtera au plaisir d'innover et de prendre des risques, mais, en même temps, l'environnement devra être de qualité et lui apporter une certaine sécurité. En réalité, il ne pourra le plus souvent satisfaire ses deux motivations qu'en alternance.

- Supposons que vos deux premiers mouvements sont la dilatation et la verticalité :

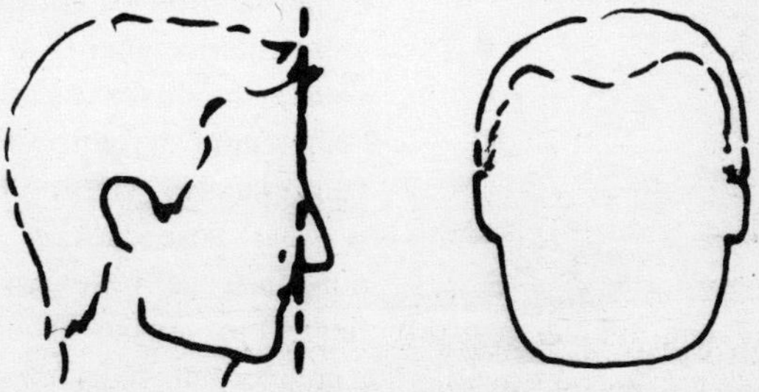

Croquis 49.

Vous possédez un grand potentiel d'action que vous avez besoin de contraindre, de contrôler, ce qui vous freine. Vous vous sentirez à votre aise dans une structure mais, en même temps, il vous faudra un grand territoire, pour vous seul, au sein de cette structure.

Les besoins reflétés par vos étages

Les différents étages, chez un même individu, sont rarement équivalents en taille, reflétant des domaines de prédilection. Lorsqu'un étage est dilaté, il traduit une plus grande aisance dans le domaine concerné, alors que la rétraction d'un étage reflète une tendance au repli dans ce domaine. Ainsi, vous maniez plus facilement certains langages que d'autres, en fonction de la configuration de vos étages. Différents cas peuvent se présenter :

Croquis 54.

Votre étage supérieur est dominant. L'intellect est votre domaine de prédilection. Vous n'êtes jamais à court d'arguments faisant appel à la raison et vous êtes parfaitement capable d'en faire la démonstration théorique à votre interlocuteur. En effet, vous-même avez besoin de comprendre à fond avant de vous «lancer». Vous en imposez par vos idées et votre puissance de réflexion. Par contre, vous maniez plus difficilement le langage du concret. Vous aurez donc à travailler les preuves concrètes qui parleront aux personnes à mâchoire dilatée.

Votre étage inférieur est dominant, vous êtes une championne (un champion) de la réalisation concrète. Vous avez besoin de concrétiser, d'aller sur le terrain, d'avoir une part active dans la mise en œuvre des projets. Vous en imposez aux autres par votre sens du concret.

Croquis 56.

Votre étage supérieur étant rétracté, vous n'aimez généralement pas faire de grands discours. Et pourtant, il vous faudra, pour être sur la même longueur d'onde que les individus au front dilaté, vous créer un listing d'arguments faisant appel au raisonnement abstrait.

Croquis 75.

Votre étage moyen est dominant, vous avez besoin de vous sentir utile aux autres. Vous êtes capable de consacrer beaucoup de votre énergie au service d'autrui. Vous avez une grande puissance de rayonnement et attirez souvent la sympathie de votre entourage. Votre étage supérieur étant rétracté, vous n'affectionnez pas trop les théories. Et pourtant, vous devrez travailler les preuves théoriques pour pouvoir convaincre durablement tous vos protagonistes.

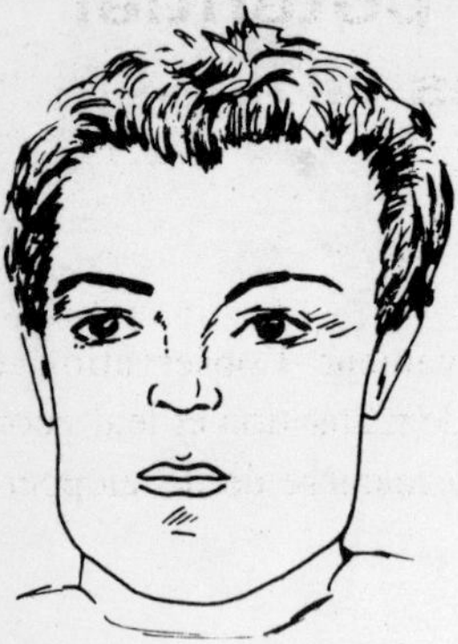

Croquis 36.

Vos étages supérieur et inférieur sont dilatés. Vous êtes aussi à l'aise dans les démonstrations théoriques que pratiques. Par contre, la rétraction de votre étage moyen indique que le domaine de l'affectif vous est moins familier. Vous avez tendance à rationaliser tout ce qui relève du sentiment. Votre attitude peut paraître froide à certains. Il serait intéressant, pour vous et pour votre efficacité dans l'art de convaincre, de travailler l'expression des sentiments.

◆ *Vous avez identifié vos besoins profonds et votre domaine de prédilection. Reprenez le maniement des arguments qui vous sont moins familiers et apprenez à manier avec autant d'aisance le langage de l'intellect, le langage du concret et celui de l'affectif.*

2. Connais ton potentiel et tes aptitudes

Nous aborderons successivement l'observation des aptitudes intellectuelles et de réalisation et leur coordination. Puis nous évoquerons la manière de développer de nouvelles aptitudes.

Vos aptitudes intellectuelles

Vos aptitudes intellectuelles se lisent à l'étage supérieur. Cet étage se subdivise en trois parties. Chaque mouvement biologique apporte une aptitude particulière à l'intelligence.

On parlera d'un front «différencié» lorsque les quatre mouvements y sont présents.

Les yeux jouent un rôle important dans la mise en œuvre des aptitudes intellectuelles. Ils favorisent certaines aptitudes et peuvent également apporter certains compléments appréciables.

Les tendances, c'est-à-dire le rapport entre les yeux et le front, jouent également un rôle important.

Les différentes parties du front

Votre front se divise en deux parties, avec une zone médiane qui n'est cependant pas toujours marquée. Il est délimité en largeur par les tempes.

Croquis 76 : Les 3 zones du front.

La zone inférieure du front est en relation avec la réalisation concrète. La zone supérieure représente la partie la plus abstraite de l'intelligence, celle qui manie les concepts et l'imagination. La zone médiane est une zone de passage entre les deux. Elle est le siège de la réflexion et de l'organisation des idées.

- **La zone supérieure**

Plus la partie haute de votre front — où l'on observe la présence de bosses frontales — est volumineuse et large, plus vous êtes à l'aise dans le maniement des concepts et plus votre imagination est foisonnante.

Croquis 77.

- **La partie inférieure**

Plus la partie inférieure de votre front est large et ample, plus votre pensée est pratique et orientée vers les réalisations concrètes.

Croquis 78.

• La partie médiane

La partie médiane reflète la composante rationnelle de l'intelligence, celle qui organise, fixe des objectifs. Elle a pour fonction de canaliser les productions de l'imaginaire pour les traduire en pensée pratique.

Croquis 79.

Nous aborderons successivement l'apport des quatre mouvements au front, puis l'incidence de ces mêmes mouvements aux récepteurs et l'influence des tendances.

Les 4 mouvements au front et leur signification

• La dilatation et la rétraction

— *La dilatation* se présente initialement sous des formes arrondies chez le jeune enfant : son front est globalement bombé.

C'est un front qui est encore «indifférencié» ou «non travaillé». Telle une éponge, l'intelligence de l'enfant absorbe avec une grande aisance les masses d'informations qui proviennent du milieu et les restitue telles

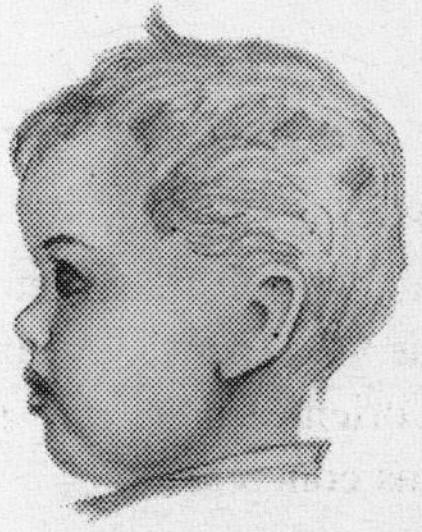

Croquis 80.

quelles avec tout autant de facilité. Sa pensée est plastique et adaptable. Elle se nourrit de rêves et ne produit pas encore de projets personnels.

On peut retrouver ces caractéristiques chez certains adultes, dont le front reste proche de l'enfance. Ils possèdent généralement une excellente mémoire, mais poursuivront difficilement un travail de réflexion personnelle. Ceci ne signifie pas qu'ils ne sont pas intelligents — ils peuvent même avoir un quotient intellectuel élevé —, mais ils n'ont développé ni dynamisme, ni sens de l'effort sur le plan intellectuel. Ils sont par ailleurs influençables.

Généralement, l'adulte va garder cette dilatation à la partie supérieure de son front sous la forme de bosses frontales, alors que le reste du front va s'aplatir, s'incliner, se redresser et donner des formes diversifiées.

***Croquis 77** : Imagination « foisonnante ».*

***Croquis 78** : Imagination au service des projets concrets.*

Vos bosses frontales constituent la source de vos productions imaginaires. Plus elles sont volumineuses (croquis 77), plus votre imagination est foisonnante et plus vous êtes enclin à rêver. Plus elles sont réduites, plus elles se mettent au service de projets précis (croquis 78). Elles reflètent aussi votre type de mémoire. Lorsqu'elles sont dilatées, vous y stockez une grande quantité d'informations.

Si votre front possède par ailleurs les quatre mouvements, ces mêmes bosses vous donnent l'esprit de synthèse et l'aisance dans le maniement des concepts. Vous êtes un généraliste. Vous êtes en mesure de vous adapter à de nombreux champs de connaissances et de passer de l'un à l'autre avec aisance.

Si vous possédez simultanément un front dilaté et des yeux rétractés, votre intuition intellectuelle est développée, c'est-à-dire «*la capacité à saisir spontanément ce qui n'est pas encore démontré ou réalisé*» (Robert).

Par ailleurs, l'étage supérieur correspondant sur le plan physiologique au système nerveux, la dilatation de votre front reflète une grande résistance nerveuse.

— *La rétraction* se manifeste par le petit volume et l'étroitesse du front.

Si votre front est globalement rétracté (croquis 81), vous êtes un spécialiste. La rétraction vous apporte l'esprit d'analyse, le sens du détail et de la précision. Vous privilégiez la qualité dans vos productions intellectuelles et faites preuve de beaucoup de subtilité. Lorsque la partie supérieure de votre front est rétractée, vous détenez une moindre aisance dans le maniement des concepts. Vous avez besoin de beaucoup de sécurité sur le plan intellectuel et hésitez parfois à avancer des idées tant que vous n'en êtes pas sûr à cent pour cent. La précision des données, la qualité de la réflexion sont d'une importance majeure pour vous. Ce souci du détail peut vous empêcher parfois de voir les problèmes en synthèse. Vous mémorisez

Croquis 81.
Front du spécialiste.

moins d'informations que le cadre dilaté. Par contre, les données que vous avez enregistrées sont plus précises, plus détaillées, souvent plus fiables.

Votre front peut être de dominante dilatée et présenter des signes de rétraction. La rétraction se manifeste alors par un rétrécissement de la largeur de votre front dans sa partie basse et médiane. Ce rétrécissement est lié à l'aplatissement de vos tempes (croquis 82).

La rétraction enrichit la vision globale des détails qui la constituent. Vous êtes capable à la fois d'embrasser l'ensemble d'une question et d'en analyser les infimes détails.

Croquis 82.

- **L'oblique (= l'avancée de la partie inférieure du front) et la verticalité**

La pente de votre front, verticale ou oblique, reflète deux formes de pensée totalement opposées. L'une est sensori-motrice, l'autre est raisonnante.

Les deux mouvements s'observent plus aisément de profil. Avec un peu d'habitude, on peut les reconnaître de face ou de trois quarts. L'un et l'autre présentent également d'autres formes qui leur sont apparentées.

— L'oblique et ses formes apparentées

La pente oblique reflète des caractéristiques que l'on retrouve également d'une façon atténuée dans deux signes morphologiques qui lui sont apparentés : les méplats des tempes et la saillie des arcades sourcilières.

a. *L'oblique*

Pour prendre une image, plus la partie inférieure de votre front est tirée vers l'avant et précède la partie supérieure, plus les caractéristiques suivantes seront marquées :

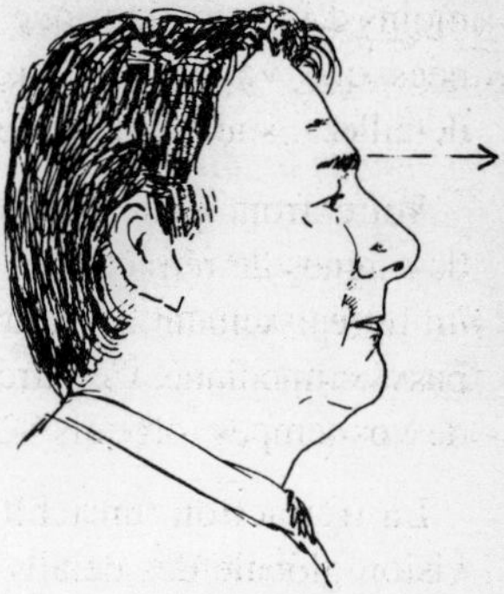

Croquis 83.
Pensée sensori-motrice.

- *Votre pensée est sensori-motrice.* Vous vous laissez guider par votre flair et procédez par «essais et erreurs» : vous empruntez une piste, voyez ce que cela donne, en tentez une autre et avancez ainsi en fonction de ce que vous sentez. Vous possédez une forme de pensée concrète : vous essayez le plus possible de coller au terrain, au sein duquel vous prenez vos repères.

- *Vous vous intéressez plus spécifiquement à tout ce qui est orienté vers le futur, tout ce qui permet de progresser, tout ce qui est vivant.* Vous travaillez de préférence dans un secteur de technologies de pointe. Vous êtes sans cesse à l'affût des dernières avancées dans votre domaine de prédilection.

- *L'oblique constitue par ailleurs un puissant accélérateur qui vous pousse à innover sur le plan intellectuel et à poursuivre de multiples projets.* Vous êtes capable de prendre très rapidement des décisions et adorez improviser. Votre pensée, rapide, s'organise au fur et à mesure que vous vous exprimez. Ces caractéristiques font souvent de vous un brillant animateur car vous entraînez les autres à votre suite et la situation de groupe vous stimule. Vous détenez ainsi des facilités à l'oral. C'est à vous qu'il faut confier le compte rendu opérationnel en fin de réunion. Vous synthétiserez très rapidement les décisions prises et les rôles impartis à chacun.

Il faut cependant que vos récepteurs soient suffisamment ouverts pour que ce potentiel puisse pleinement s'épanouir.

- *Il vous importe que ce que vous concevez soit utile.* Vous pouvez ainsi être un excellent vulgarisateur car vous avez le souci que les connaissances théoriques puissent servir à des fins utiles. Vous aimez retraduire des données théoriques dans un langage accessible aux non-initiés. Vous êtes un bon intermédiaire entre des concepteurs et des utilisateurs.

- *Curieux, vous aimez explorer sans cesse de nouvelles pistes et avez besoin d'expérimenter vous-même un concept pour y adhérer.* Vos outils de travail sont le flair et l'intuition. Il vous faut nécessairement un travail varié, avec des échanges. La routine vous épuise et peut vous faire faire de la «mauvaise graisse» qui se traduit par des chairs atones.

b. *Les méplats aux tempes*

Des méplats — sortes d'incurvations légères — peuvent apparaître au niveau de vos tempes, quelle que soit la pente de votre front.

Croquis 84 : *Les méplats dynamisent la pensée.*

Ces méplats renforcent la rapidité et le dynamisme de l'oblique. Si votre front est vertical, ils indiquent que votre pensée peut fonctionner rapidement si la situation l'exige.

c. *La saillie des arcades sourcilières*

Vos arcades sourcilières peuvent former une bosse — on les appelle aussi «bosses sus-orbitaires» — que l'on observe surtout de profil.

Croquis 85 *:*
Saillie des arcades.

Les arcades se situent dans la zone inférieure du front, dont nous avons dit précédemment qu'elle était en relation avec les réalisations concrètes. Leur proéminence indique ainsi que votre intelligence prend en compte les données de la réalité concrète.

Si la pente de votre front est par ailleurs oblique, la saillie des arcades renforce votre sens concret et votre flair. Ce signe peut aussi apparaître sur votre front lorsqu'il est vertical. Il signale que votre pensée, raisonnante, est capable d'intégrer des réalités concrètes quand cela s'avère nécessaire.

Croquis 86 *:*
Esprit d'observation développé.

Si la saillie de vos arcades sourcilières est associée à des yeux abrités, vous possédez un esprit d'observation développé.

— La verticalité et ses formes apparentées

La pente verticale reflète un type de pensée dont certaines caractéristiques se retrouvent également au sein de deux signes morphologiques que sont la barre de réflexion et l'aplatissement de la zone médiane du front.

a. *La verticalité*

Croquis 87.
Le rêve est très présent.

Croquis 87 bis.
La pensée est rigoureuse.

Les traits psychologiques liés à ce mouvement sont plus ou moins accentués suivant l'intensité de la verticalité. Quand la ligne de votre front est un peu courbe (croquis 87), vos exigences de rigueur sont moindres.

Votre front est vertical (croquis 87 bis); votre forme de pensée présente les caractéristiques suivantes :

- *Vous vous appuyez sur des shémas pré-construits et sur la logique.* Vous vous fixez des objectifs préalables. Vous adoptez systématiquement une méthode d'approche des problèmes structurée et mettez en place des stratégies préalables pour bien les maîtriser. Votre démarche intellectuelle est de type abstrait : elle fait appel au raisonnement et à la logique.

- *Vos centres d'intérêt sont centrés sur le passé pour en tirer les leçons et vous aimez généralement l'histoire.* Plus votre profil est plat, plus votre pensée est rigoureuse et méthodique. Vous êtes généralement attiré par les sciences rigoureuses et logiques.

- *Vos décisions exigent d'être mûries dans le temps.* Vous éprouvez le besoin de laisser mijoter vos idées, de «donner du temps au temps». Vous vous ralentissez vous-même du fait de l'exigence que vous avez d'approfondir continuellement votre réflexion et de prendre du recul par rapport aux événements. Vous préférez ne pas vous lancer dans une nouvelle discipline si vous n'êtes pas sûr de pouvoir la travailler à fond. Vous aimez la perfection et possédez un grand sens de l'effort. Votre besoin de maîtrise et de contrôle s'applique d'abord à vous-même. C'est ainsi que vous possédez une puissance de volonté farouche et une grande ténacité.

- *Vous fonctionnez par objectifs.* Quand vous vous êtes fixé un objectif, vous vous efforcez de l'atteindre coûte que coûte. Avec des idées très personnelles, vous pouvez vous montrer obstiné jusqu'à l'entêtement.

- *Vous attachez beaucoup d'importance à la cohérence, à la rigueur et à la logique dans tout travail intellectuel que vous poursuivez.* Votre sens de l'organisation est à toute épreuve : vous planifiez tout bien à l'avance et affectionnez les tableaux et les grilles, en somme toute formalisation structurée de la pensée. Avec des idées très personnelles et un rythme de maturation qui vous est propre, vous travaillez difficilement en groupe. Pour vous, travailler en groupe signifie se répartir les tâches. Vous envisagez difficilement un échange sur le fond qui pourrait remettre en cause vos idées personnelles. Vous trouvez une plus grande satisfaction dans l'écrit que dans l'expression orale. Si votre front est par ailleurs dilaté, c'est à vous qu'il faudra confier le compte rendu de synthèse écrit d'une réunion. Celui-ci sera parfaitement construit et rigoureux.

- *Vous accordez une grande importance au respect des normes et des conventions.* Vous êtes personnellement très attaché à un certain nombre de valeurs traditionnelles, qui vous ont été transmises par votre famille ou votre groupe d'appartenance. Vos idées sont parfois très arrêtées et difficiles à remettre en cause.

b. *La barre de réflexion et l'aplatissement de la zone médiane du front*

Croquis 88 : *Barre de réflexion.*

Lorsque ce creux est marqué dans la zone médiane de votre front oblique, il apporte des éléments de réflexion et de structuration à votre pensée qui fonctionne au feeling. Vous disposez ainsi de deux modes de fonctionnement complémentaires, ce qui vous permettra de sortir des productions intellectuelles à la fois bien construites et réalistes. Votre barre de réflexion indique que, tout en avançant par tâtonnements, vous tenez à vous fixer des objectifs à atteindre.

Croquis 89 : *Aplatissement de la zone médiane.*

Lorsque votre front est légèrement en oblique, il peut présenter un aplatissement de la zone médiane. Ce signe s'apparente à la verticalité dont il est le premier degré. Il indique la présence d'un potentiel de pensée logique et rationnelle.

L'incidence des mouvements aux yeux sur les aptitudes intellectuelles

Vos récepteurs ont la mission d'actualiser le potentiel qui est dans votre cadre. Plus ils sont riches en mouvements, plus ils sauront utiliser vos aptitudes dans des projets d'envergure et de longue haleine. Ce sont eux, en effet, qui indiquent votre degré de maturité à tous les niveaux (voir *Se connaître par la morpho-psychologie*) et reflètent des sources de motivations très importantes. Vos yeux sont les récepteurs privilégiés de la zone intellectuelle.

Croquis 90.

• **La dilatation** et **la projection en avant** de vos yeux (croquis 90) sont signe d'ouverture et de curiosité quant à l'actualité. Vos projets sont en interrelation étroite avec le milieu dans lequel vous évoluez. Ces mouvements signalent que vous détenez la possibilité de vous intéresser à de multiples sujets en parallèle. Si votre front est également en avancée, vous pouvez avoir tendance à être dispersé.

• **La rétraction** et **l'abritement** (croquis 91) de vos yeux vous donnent des qualités d'endurance et de persévérance dans la poursuite de vos projets qui sont de toute façon très personnels. Ils reflètent le besoin de personnaliser tout ce que vous faites.

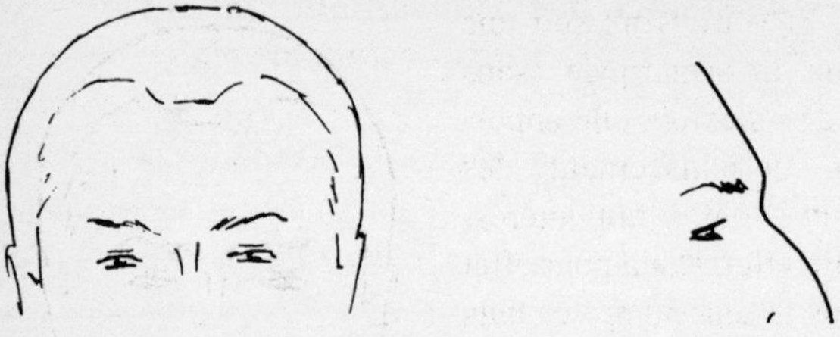

Croquis 91.

Les récepteurs seront davantage à l'écoute des mouvements qui leur sont familiers. Ils favorisent l'actualisation des aptitudes qui correspondent à leurs mouvements dominants.

Si vos yeux sont en avancée, ils valoriseront davantage les aptitudes de votre front en oblique, même si l'oblique y est faible.

A l'inverse, si vos yeux sont abrités, ils seront davantage complices des signes de la famille «verticalité» de votre front. Une légère barre de réflexion, insérée dans un front très oblique, pourra ainsi donner des exigences fortes de rigueur et de méthode (croquis 88, p. 176).

L'incidence des tendances à l'étage supérieur

Les tendances —mouvements opposés entre récepteurs et cadre — apportent au fonctionnement de votre pensée des caractéristiques complémentaires.

• **La tendance concentrée** — front dilaté / yeux rétractés — reflète des qualités d'endurance et de persévé-

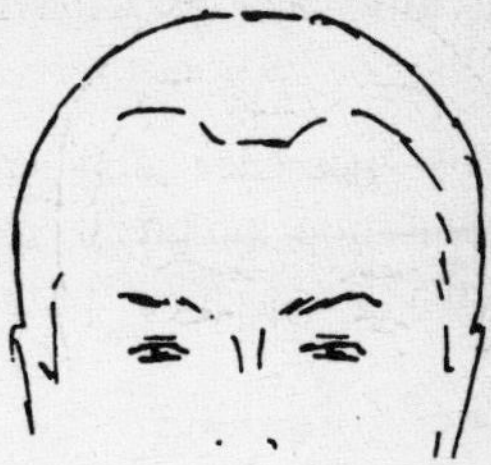

Croquis 92.

rance. Si votre front suit une oblique très marquée, sans barre de réflexion, elle apporte un enrichissement des conduites tout à fait intéressant. En effet, elle a pour effet de vous recentrer sur vos buts essentiels, alors que vous auriez tendance à aimer vous «éclater» dans de multiples directions.

Elle constitue ainsi une sorte de substitut de la barre de réflexion et vous incite à vous centrer sur un objet à la fois et à vous organiser pour le mener jusqu'au bout.

Cette même tendance reflète un attachement marqué à certaines valeurs personnelles, issues de votre enfance. Si votre front est par ailleurs vertical, l'association des deux caractéristiques peut vous conduire à une rigidité de conceptions qui peut parfois vous desservir. Lorsque la pente de votre front est oblique, vous éprouvez du plaisir à bousculer les traditions. Par contre, la tendance concentrée vous confère un attachement à certaines règles de conduite qui vous sont tout à fait personnelles.

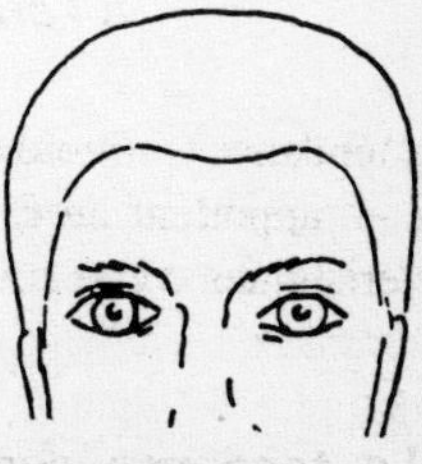

Croquis 93.

• **La tendance réagissante** favorise l'ouverture intellectuelle. Vous prêtez une oreille très attentive aux conceptions d'autrui. Lorsque votre front est par ailleurs vertical, elle a pour effet d'assouplir ce qui pourrait être rigide dans votre pensée. Elle vous ouvre à ce qui se passe à l'extérieur et vous confère des qualités de tolérance.

Vous possédez alors une certaine souplesse dans votre organisation, qui prend davantage en compte les éléments de l'actualité.

• **La tendance pendulaire** — récepteurs abrités / cadre en avancée — inscrit les exigences de réflexion, d'organisation et de stratégie dans le dynamisme impétueux de l'avancée de votre cadre, mais d'une façon discontinue.

Croquis 94.

• **La tendance pendulaire inversée** — récepteurs projetés en avant / cadre vertical — permet une meilleure prise en compte de l'environnement et un renouvellement de vos idées et de vos conduites.

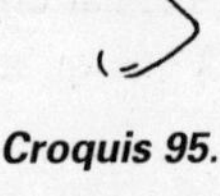

Croquis 95.

Ces mêmes tendances produisent cependant chez vous des comportements heurtés, en alternance : tantôt, c'est le mouvement dominant de vos récepteurs qui s'actualise ; tantôt, c'est le mouvement de votre cadre qui s'exprime, avec d'autant plus de vigueur qu'il a été longtemps retenu.

Plus il y a de mouvements opposés dans un visage, plus cela peut être source d'enrichissement, à condition que vous parveniez à en faire la synthèse. C'est tout l'enjeu du chemin vers la maturité.

Vos aptitudes de réalisation

Votre potentiel de réalisation se lit au niveau de l'étage inférieur de votre visage et se déduit des mouvements qui y sont présents. La mise en œuvre de vos aptitudes dépend de vos motivations. Elle est notamment fonction des mouvements présents à vos récepteurs. Vos réalisations sont, encore plus que vos productions intellectuelles, la résultante de différents facteurs de motivation, internes et externes, qui interagissent en vous.

Un individu peut détenir un potentiel important de réalisations concrètes et ne pas parvenir, au moins momentanément, à passer à l'acte, par exemple par crainte d'un échec. Inversement, certaines motivations peuvent, dans des conditions spécifiques, vous donner des ailes et vous amener à vous surpasser. Ainsi, une personne qui réalise habituellement difficilement peut le faire, dans certaines situations, avec aisance, car elle est portée par le désir d'être reconnue, de plaire à quelqu'un de particulier, de relever un défi, etc.

Pour pouvoir dire à l'avance qu'un sujet déploiera son potentiel, il faut absolument connaître l'ensemble de ses motivations. Ce point des motivations exigerait un développement à lui tout seul et des apports en psychologie que nous ne saurions insérer dans cet ouvrage. A ceux que cet aspect intéresse, nous conseillons de consulter *Se connaître par la morpho-psychologie* qui présente un certain nombre des motivations profondes qui nous agissent.

D'autre part, les réalisations constituent le fruit d'une conception qui se fait en amont. Les performances d'un athlète sont autant le produit de son intellect que de ses capacités physiques. Ainsi, on prendra l'étage supérieur en compte si l'on veut faire un pronostic des performances de réalisation d'un individu.

Nous verrons successivement l'apport des mouvements situés sur l'ossature de l'étage inférieur, l'incidence des mouvements présents à la bouche et des tendances. Nous y ajouterons l'observation du tonus des chairs qui traduit le mieux ce que vous êtes susceptible de réaliser à l'instant T.

Les 4 mouvements à l'étage inférieur et leur signification

• La dilatation et la rétraction

— *La dilatation est dominante à votre étage inférieur lorsque votre mâchoire est large et profonde.*

La dilatation vous procure de grandes réserves de puissance pour l'action. L'expansion de cet étage vous donne une aisance dans le concret. Vous êtes animé d'un sentiment de force. Vous êtes capable de mener des actions nombreuses et d'envergure sans ressentir de fatigue. Vos productions sont massives et solides. Ce qui compte pour vous, ce sont les résultats concrets, que vous avez besoin de visualiser. Vous possédez généralement de bonnes ambitions matérielles.

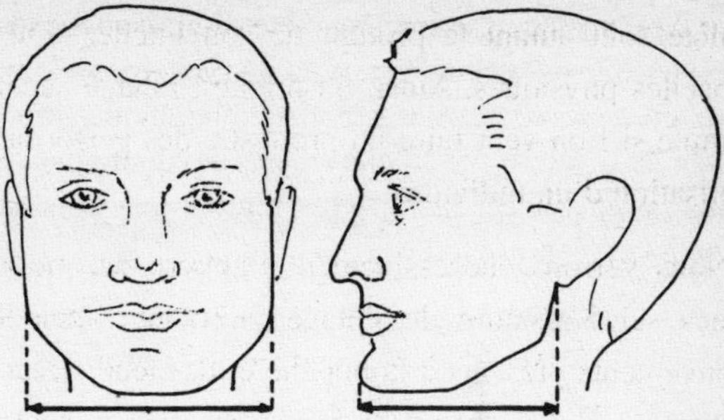

Croquis 25.

Des éléments de dilatation peuvent s'inscrire dans un étage plus rétracté.

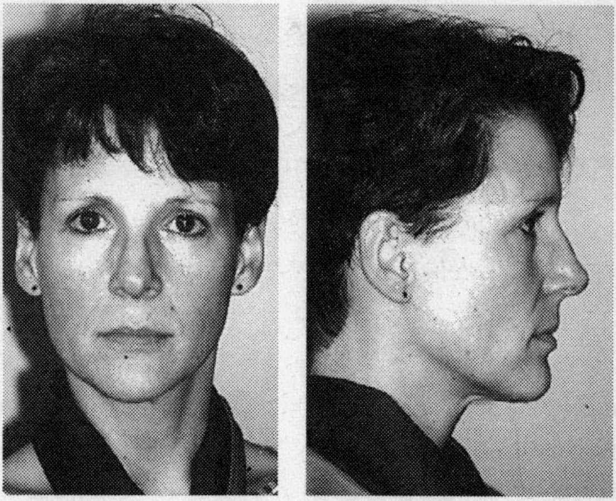

Photo 8 *: La mâchoire est étroite mais profonde.*

La profondeur de votre mâchoire, même si celle-ci n'est pas large de face, donne de la solidité à vos réalisations.

La largeur de votre menton vous donne aussi, alors que vous êtes davantage préoccupé de qualité, la possibilité d'investir de la force dans vos réalisations, quand la situation l'exige de manière ponctuelle. L'énergie dont vous disposez pour réaliser est cependant plus réduite que pour une personne à la mâchoire large.

— *La rétraction se manifeste à votre étage inférieur par l'étroitesse et la finesse de votre ossature.*

Vous possédez des aptitudes au travail minutieux et précis. Vous éprouvez un sentiment de fragilité et manifestez une moindre aisance dans l'action. Vous avez le souci d'économiser vos forces pour ne pas en manquer. Vous avez tendance à trouver votre sécurité dans des façons de faire connues. Vous privilégiez, dans vos réalisations, la finesse, l'esthétisme et la qualité.

Portrait 10.

La rétraction peut également s'inscrire dans un étage inférieur à dominante dilatée. Elle s'observera à la finesse de l'os de votre menton.

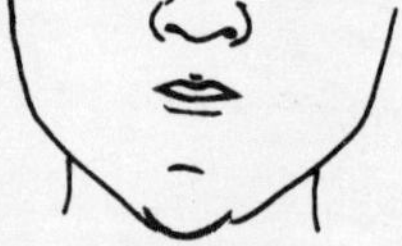

Croquis 96.

Vous avez alors la possibilité d'être également minutieux et précis dans vos réalisations, qui seront nombreuses et solides.

- **L'avancée et la verticalité**

Pour ces deux mouvements, vous devrez examiner simultanément le profil tracé par votre mâchoire et celui de votre menton, qui peuvent refléter des besoins et des aptitudes différents.

Deux points de repère servent à observer l'avancée ou la verticalité de l'étage inférieur.

— 1er repère

Tracez une verticale, qui part de la racine de votre nez et descend jusqu'à votre menton.

Si l'ensemble de votre étage dépasse la ligne formée par cette verticale, c'est le mouvement d'avancée qui domine (croquis 97). Si l'ensemble est en retrait de cette ligne, c'est le mouvement de verticalité qui l'emporte (croquis 98).

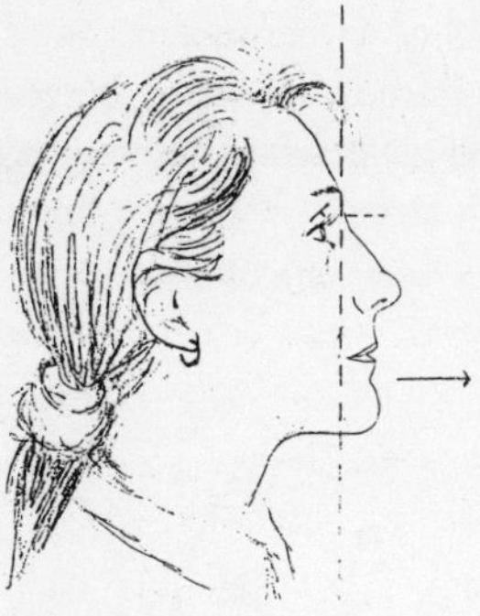

Croquis 97.

Croquis 98.

- *L'avancée de votre étage* (croquis 97) *vous donne une rapidité du passage à l'acte et des gestes vifs.* Vous éprouvez beaucoup de plaisir à dépenser vos forces, votre énergie, votre argent aussi. Vous avez la possibilité de mobiliser vos forces très rapidement pour un «coup de collier» à donner, un effort particulier à faire sur une durée limitée. Vous aimez mener simultanément des actions variées. Vous êtes stimulé par le renouvellement des activités. Vous êtes doué pour les sports de vitesse. Le groupe et la compétition constituent pour vous des stimulants.

- *La verticalité de votre étage ralentit votre passage à l'action, car vous avez des exigences de méthode.* Vous avez toujours le souci de gérer vos forces, de façon à tenir plus longtemps. Vous êtes plutôt lent à mettre en route mais vous possédez une grande résistance physique. Vous trouvez votre satisfaction dans le fait d'aller au bout de vos entreprises. Tenace, vous êtes doué pour les sports d'endurance et vous montrez plus performant en solitaire qu'en équipe.

— 2e repère

Portez votre attention sur votre étage inférieur en lui-même. Faites partir une verticale de la partie supérieure de votre étage, qui se situe sous votre nez. Observez comment sont alignés le point de départ de cette droite, le creux situé au-dessus de votre menton et l'extrémité de votre menton. Faites totalement abstraction des mouvements de vos lèvres qui n'appartiennent pas au cadre.

- *L'extrémité de votre menton peut être en avancée* par rapport au départ de votre étage, et cela, indépendamment de sa position par rapport à la verticale qui passe par la racine de votre nez.

Vous détenez alors un potentiel d'impulsivité et de spontanéité dans l'action.

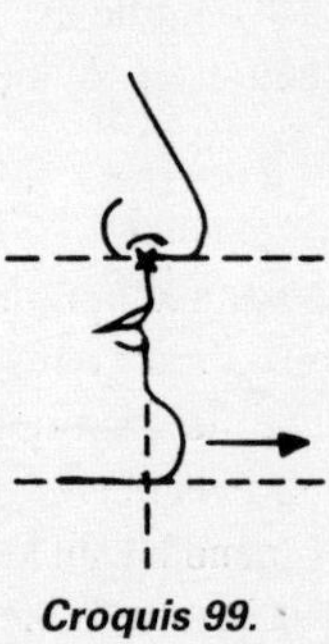

Croquis 99.

- *Votre menton peut*, à l'inverse, *se situer en retrait* par rapport à ce même point

Vos réactions seront plus lentes. Vous manifesterez une certaine réticence au passage à l'action.

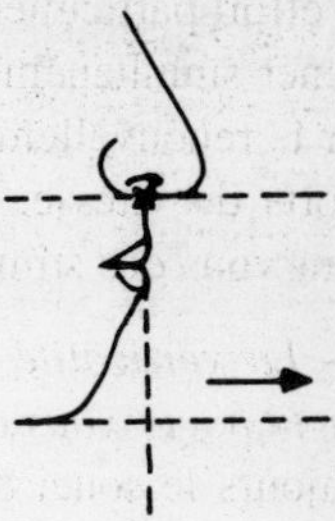

Croquis 100.

Votre menton s'examine également par rapport au creux qui le précède.

Observez à quel point il se détache de ce point jusqu'à, dans certains cas, former une sorte de presqu'île qui s'avance en se détachant du reste de votre mâchoire.

Croquis 101.

- *Quand l'avancée de cette «presqu'île» est très marquée* (croquis 101), elle est l'indice d'une très grande impulsivité dans l'action et de possibilités de réponses spectaculairement rapides.

- Parallèlement, *le creux marqué au-dessus* est un mouvement de retenue, qui, lorsqu'il est très marqué, va provoquer des temps d'arrêt dans le déploiement de votre énergie mise au service de l'action. Ainsi, les impulsions seront saccadées, imprévisibles et d'autant plus fortes qu'elles auront été retenues pendant un temps. C'est cependant le mouvement dominant à votre bouche qui indiquera quel mouvement de votre cadre s'exprimera le plus souvent.

L'incidence des mouvements à la bouche sur les aptitudes physiques

La bouche est le récepteur privilégié pour l'action. Les mouvements qui y sont présents permettent de savoir en partie comment vous allez mettre en œuvre votre potentiel de réalisation. Quand ils s'opposent à votre cadre, ils sont source de tension mais, parallèlement, ils peuvent vous apporter des aptitudes complémentaires.

- **La dilatation et la projection** de vos lèvres reflètent des intérêts variés mais une moindre ténacité. Vous êtes essentiellement motivé à agir lorsque vous y trouvez du plaisir. Si votre modelé est par ailleurs tonique, vous aimez dépenser toute votre énergie à la fois jusqu'à épuisement dans une activité qui vous plaît, mais vous avez besoin d'en changer souvent. Si vos chairs sont abondantes, vous préférez les plaisirs passifs, tels manger, boire et dormir.

- **La rétraction et l'abritement** de vos lèvres freinent et concentrent la mise en œuvre de vos aptitudes physiques. Elles vous procurent ainsi des qualités de concentration, d'endurance et de persévérance. Vous êtes également préoccupé d'économie et d'efficacité.

L'incidence des tendances à l'étage inférieur

- **La tendance concentrée** — mâchoire dilatée / bouche rétractée — vous apporte des qualités d'endurance dans l'effort. Vous êtes motivé pour mener vos activités jusqu'à leur achèvement.

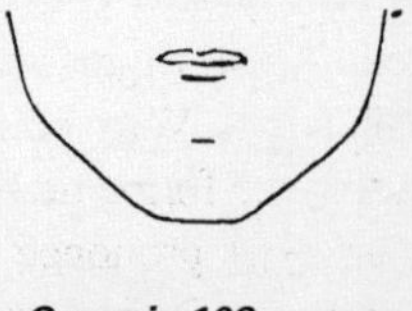

Croquis 102.

Si le modelé de vos chairs est atone, vous êtes très résistant aux tâches routinières et répétitives.

• Avec une **tendance réagissante** — mâchoire rétractée / bouche dilatée —, vous avez parfois tendance à avoir «les yeux plus gros que le ventre». Vous réalisez surtout sur l'impulsion des autres, pour être avec eux ou pour leur faire plaisir.

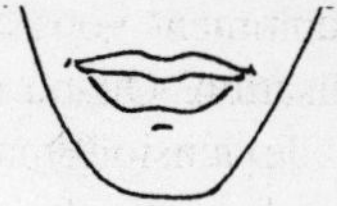

Croquis 103.

• **La tendance pendulaire** — abritement des lèvres et avancée du menton — indique que vous tentez d'opposer un barrage aux pulsions impétueuses de votre cadre et de les tenir en bride. Vous avez un grand souci d'efficacité, une forte ténacité et le sens de l'effort dans vos réalisations. Mais les pulsions du cadre étant plus fortes que tout, vous ressentirez par moments un sérieux besoin de vous «défouler».

Croquis 104.

• Votre étage est marqué d'une **tendance pendulaire inversée** — lèvres projetées en avant / menton en retrait. Votre cadre exige méthode et rigueur dans les réalisations. Votre bouche, qui traduit une forme de boulimie et un goût prononcé pour la fantaisie, souhaiterait tout

Croquis 105.

essayer. Mais ça ne satisfait pas les exigences de votre cadre. Si votre front est par ailleurs marqué de verticalité, vous saurez généralement retenir votre envie de «toucher à tout». N'oublions pas, en effet, que le front vertical vous donne une grande puissance de volonté. Par moments, cependant, vous ne pourrez vous empêcher de faire une grosse fantaisie comme, par exemple, vous acheter un objet de luxe, un bijou de valeur, même si vous êtes obligé de vous restreindre après cela.

L'incidence du modelé des chairs à l'étage inférieur

La qualité du modelé de vos chairs indique votre dynamisme à un moment donné et l'énergie dont vous disposez pour réaliser et mettre en œuvre vos aptitudes. Dans nos sociétés occidentales, c'est la réactivité — et donc le tonus — qui est valorisée. Le modèle reconnu associe dynamisme et efficacité dans l'action. L'atonie, qui a pour conséquence une forme de passivité, alors qu'elle permet plus de réceptivité et favorise l'intuition, correspond davantage aux valeurs de l'Orient.

- Si votre modelé est bien **tonique**, vous êtes dans votre meilleure forme pour réaliser, que ce soit en force, en finesse, rapidement ou méthodiquement, comme l'indiquent les mouvements de votre cadre. Votre dynamisme est là à son maximum.

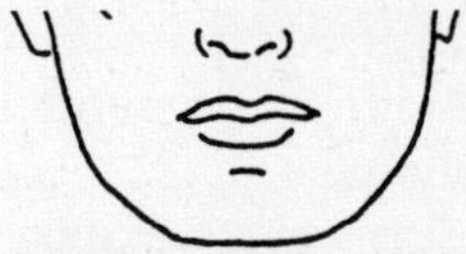

Croquis 106 : *Modelé tonique.*

- L'**atonie** favorise votre sens de la diplomatie, notamment si vos récepteurs sont par ailleurs rétractés. Cependant, cette forme de modelé reflète des préoccupations internes qui vous tourmentent et vous mobilisent de l'énergie. Par conséquent, vous en avez moins pour réaliser. Si votre cadre est dilaté, vos réserves en énergie sont abondantes et vous serez moins freiné. Si votre cadre est rétracté, par contre, vous pouvez être paralysé par moments et vous sentir victime des autres, des événements...

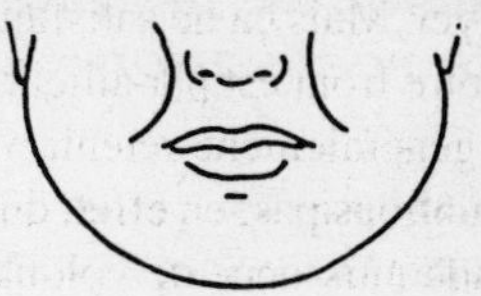

Croquis 107 :
Modelé atone rond.

• Avec de l'**atonie maigre**, vos réactions sont très vives mais de courte durée. Vous pouvez difficilement soutenir longtemps un effort et vous épuisez vite.

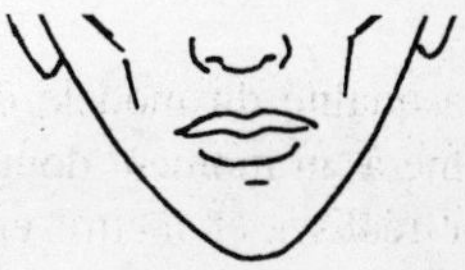

Croquis 108 :
Atonie maigre.

◆ *Récapitulez à présent l'ensemble des caractéristiques de votre étage inférieur et mettez en face de chacune d'entre elles les aptitudes qui lui correspondent. Vous voyez que de très nombreux éléments interviennent dans la mise en œuvre de vos aptitudes de réalisation. Cela peut aussi changer très vite, presque d'un jour à l'autre, lorsque votre modelé est à la limite entre tonus et atonie.*

◆ *Nous avons traité séparément la conception et la réalisation, alors qu'en réalité elles sont étroitement liées. Une action bien préparée dans sa conception se réalise normalement dans des conditions optimums d'efficacité.*

Passer de la conception à la réalisation

Lorsque votre front et votre mâchoire présentent les mêmes mouvements dominants, conception et réalisation s'effectuent de manière harmonieuse. Il arrive cependant que les mouvements soient opposés. C'est alors que l'on assiste à des pannes, à des encombrements de trafic, à des rétablissements d'équilibre périlleux... qui peuvent vous désorienter. C'est ce que nous allons voir ci-après.

• Les pannes

Croquis 54 :
«En panne».

Lorsque votre front est dominant et différencié, alors que votre mâchoire est rétractée et atone, vous concevez des projets solides et éprouvez des difficultés à les mettre en œuvre. Il y a comme une «panne» au moment de la réalisation.

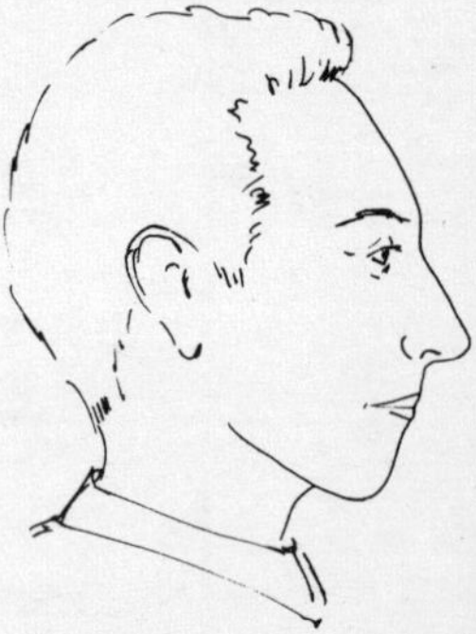

Croquis 32 :
«Encombrements de trafic».

• Les encombrements de trafic

Lorsque votre front est en oblique alors que votre étage inférieur est en retrait, vous avez une multitude de projets, mais vous ne pouvez en concrétiser qu'une infime partie car la réalisation est lente à mettre en route. Il y a une sorte d'«encombrement de trafic» entre les projets très nombreux et les réalisations lentes.

- **Les rétablissements d'équilibre périlleux**

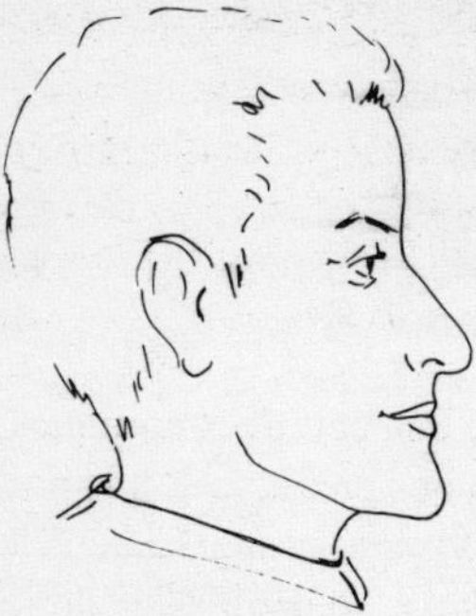

***Croquis 31** :*
«L'équilibriste».

Vos exigences de méthode, de rigueur et d'approfondissement sont en contradiction avec le fonctionnement par urgence et au feeling de votre étage de réalisation. Vous programmez vos réalisations et les préparez méticuleusement. Mais, bien souvent, l'impatience de réaliser est telle que vous improvisez souvent autre chose sur le terrain. Vous tentez alors de «rétablir l'équilibre» en trouvant une justification à votre conduite.

Vous avez peut-être reconnu quelqu'un dans une des situations décrites ci-dessus. Nous les avons volontairement traitées avec humour. La vie est perpétuel changement et nous sommes tous sans arrêt à la recherche d'un nouvel équilibre. Nous nous mettons parfois dans des situations cocasses et le rire constitue souvent un excellent remède qui nous permet de ne pas trop nous prendre au sérieux. Le fait de connaître nos sources de tensions nous permet de les assumer pleinement.

◆ *Vous avez examiné vos aptitudes intellectuelles et de réalisation. Pour avoir une vue d'ensemble de vos aptitudes, il reste à explorer les aptitudes sociales. Nous vous conseillons de reprendre la description de l'étage affectif, développée au chapitre* Convaincre vos collaborateurs. *Examinez quels sont ainsi vos besoins affectifs et voyez comment ils se déploient et vous motivent au quotidien.*

Développer des aptitudes complémentaires

Vous avez sans doute constaté que certaines aptitudes sont très développées chez vous — vous en avez eu la confirmation par l'observation de votre visage — alors que d'autres n'existent qu'en filigrane. Vous souhaiteriez donc les développer.

Analysons l'étage supérieur de Jean-Jacques :

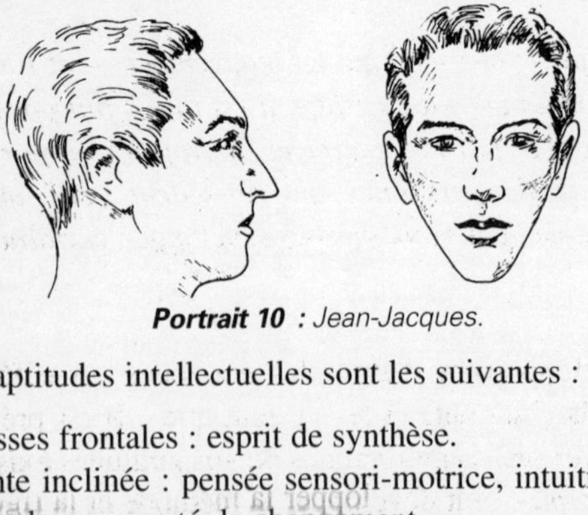

Portrait 10 : *Jean-Jacques.*

Ses aptitudes intellectuelles sont les suivantes :

— Bosses frontales : esprit de synthèse.
— Pente inclinée : pensée sensori-motrice, intuition, attrait pour la nouveauté, le changement...
— Méplats aux tempes : rapidité de la pensée.
— Etroitesse du front : faculté d'analyse.

La tendance concentrée apporte la possibilité de se centrer sur un seul objectif à la fois.

Un mouvement manque au front : la verticalité, qui pourrait se présenter sous la forme d'une barre de réflexion. Par conséquent, la pensée de Jean-Jacques manque de rigueur et de méthode. Elle pourrait être dispersée et superficielle.

En réalité, la tendance concentrée (yeux petits par rapport au front) apporte un fil conducteur qui tempère la dispersion. Le léger abritement des yeux apporte un deuxième correctif et permet à l'attention de se fixer sur un seul objectif.

Cependant, il serait intéressant pour Jean-Jacques qu'il puisse prendre davantage de distance par rapport au terrain et mettre en forme des méthodes d'approche des problèmes. Jean-Jacques arrive très bien à être efficace au quotidien avec son mode de fonctionnement. Par contre, n'ayant pas suffisamment développé l'aptitude à formaliser ce qu'il pratique, il n'est pas en mesure de transmettre à d'autres son savoir-faire et donc de déléguer.

◆ *Lorsqu'il vous manque un mouvement — et l'aptitude correspondante — à un étage, il est tout à fait possible de le développer par des exercices appropriés ou par la fréquentation de personnes qui possèdent cette aptitude. Voyons comment vous pouvez développer certaines aptitudes.*

Le développement d'aptitudes nouvelles est difficile si on utilise la contrainte et les «il faut que». Il est préférable de s'appuyer sur les motivations de vos aptitudes existantes. Si Jean-Jacques veut développer la méthode et la rigueur, il pourra certes essayer de s'imposer l'effort de rédiger des comptes rendus, de faire des tableaux... Mais il se découragera vite. Car, en réalité, s'il n'a pas développé cette aptitude, c'est aussi qu'il n'a pas été motivé pour le faire. Or, l'inclinaison de son front nous indique qu'il s'attelle volontiers à tout ce qui peut être ludique et novateur.

L'outil informatique nous semble tout à fait approprié à l'apprentissage qu'il doit faire. En effet, il va pouvoir rentrer dans l'ordinateur, pêle-mêle et sous forme ludique, toutes les idées qu'il a en tête, et ensuite l'ordinateur va lui permettre de les organiser, de les structurer, de les mettre sous forme de tableaux.

Une autre méthode incitative pourrait être utilisée comme facteur de motivation. Comme Jean-Jacques affectionne tout particulièrement la dynamique des échanges, il pourrait se fixer pour tâche de mettre en forme un petit topo pour les autres afin d'entamer une discussion qui serait encore plus fructueuse.

➤ Imaginons que votre front soit incliné et manque de dilatation, donc d'esprit de synthèse. Etant concret du fait de l'inclinaison de votre front, vous éprouvez des difficultés à faire des synthèses dans l'abstraction pure. Par contre, sur le terrain, vous trouvez comme par enchantement ce qui est à faire. Ainsi, utilisez cette aptitude à chaque fois que vous avez une synthèse à faire : visualisez-vous en situation de devoir la réaliser et faites la synthèse de toutes les opérations qui sont nécessaires.

Il est toujours possible, si vous en avez la motivation et si vous êtes persévérant, de développer une aptitude que vous n'avez pas. Vous ne deviendrez sans doute pas un champion dans ce domaine : avec quelqu'un de raide physiquement, on fait difficilement un «roseau». Vous pouvez cependant, en pratiquant des exercices appropriés, devenir suffisamment souple pour pouvoir vous adonner à de très nombreux sports.

Une personne fantaisiste ne va pas devenir tout à coup rigoureuse dans tout ce qu'elle entreprend. Par contre, elle pourra devenir capable de se donner des objectifs à atteindre et de les contrôler, quand il s'agira par exemple d'un projet professionnel. N'oublions pas que le mental joue un très grand rôle dans les performances, notamment celles des athlètes. La confiance et la persévérance sont des facteurs clés dans le développement de vos aptitudes et dans la réussite de vos entreprises.

En réalité, c'est aussi, bien souvent, le manque de confiance en soi qui bloque l'émergence de certaines aptitudes. Par exemple, la peur de vous tromper, de ne pas vous montrer parfait peut vous inciter à être lents et à manquer de spontanéité. C'est souvent en levant les blocages par des expériences positives que l'aptitude, soudain, se met en place. La meilleure preuve en est que lorsque certaines personnes vous font confiance, vous êtes souvent capable de prouesses et vous vous en étonnez vous-même. C'est précisément ce que nous allons aborder dans les pages suivantes.

3. Lève tes obstacles à la communication

Nous allons parler des obstacles à la communication que nous créons nous-mêmes, sans nous en rendre compte. Il s'agit de craintes diffuses dont nous avons des difficultés à cerner l'origine. Les craintes se manifestent par moments, puis disparaissent. Leur intensité peut croître et donner naissance à des peurs. Ces peurs ne sont pas nécessairement négatives. Elles constituent quelquefois des moteurs puissants qui nous font nous dépasser et réaliser des performances remarquables. Mais il arrive aussi qu'elles nous jouent des tours, nous paralysent, notamment dans notre relation à l'autre.

Ces peurs, quand elles deviennent répétitives et génèrent des conduites stéréotypées, sont aussi appelées «complexes». Nous en avons presque tous. L'inconvénient d'un complexe est qu'il nous fait percevoir les situations au travers d'un prisme déformant. Nous avons ainsi systématiquement tendance à prêter à autrui l'intention de chercher à nous mettre en infériorité, ou de nous juger, ou de nous laisser tomber... Et c'est sur ces idées préconçues que nous établissons les bases de nos relations avec un certain nombre de personnes, faussant ainsi notre communication avec elles.

Nous aborderons ici la peur de ne pas être à la hauteur, qui peut devenir un complexe d'infériorité, la peur de ne pas être parfait, qui repose souvent sur un complexe de culpabilité, et enfin la peur d'être mal aimé, qui peut recouvrir un complexe d'abandon. Nous allons essayer de vous aider à faire de vos peurs et de vos complexes vos meilleurs alliés.

Faire d'un complexe d'infériorité votre meilleur allié

A la base de l'infériorité, on trouve une peur de ne pas être à la hauteur. Cette peur peut prendre diverses formes : la crainte de ne pas savoir, la crainte de ne pas être capable de réaliser, la crainte de ne pas être apprécié. Cette crainte cache, en réalité, une valeur de dépassement de soi et peut aussi conduire l'individu à se surpasser.

Mais, dans bien des cas, ce sentiment pose problème à l'individu et fait obstacle à sa communication avec autrui. Evoquons un certain nombre de situations où il peut apparaître :

— *La peur de ne pas savoir peut vous saisir devant un prospect qui vous impressionne.* Vous avez étudié votre dossier comme il se doit et n'avez aucune raison objective de vous faire du souci. Et pourtant, vous vous mettez soudainement à craindre qu'il ne vous pose une question à laquelle vous ne sauriez répondre. L'émotion peut vous faire transpirer, rougir et même parfois commettre des erreurs que vous ne feriez pas en temps normal.

— *Autre situation : vous êtes en recherche d'emploi et vous êtes convoqué pour un entretien.* Vous l'avez préparé minutieusement et le poste vous paraît tout à fait en adéquation avec votre expérience. Et tout à coup, de façon inexpliquée, alors que vous êtes face au recruteur, vous avez l'impression que vous ne valez rien, que vous n'y arriverez jamais...

— *Vous êtes manager.* Vous vous sentez généralement très à votre aise à votre poste; vous aimez lancer des projets et vous savez motiver vos collaborateurs. Et puis, de façon soudaine, alors que vous rencontrez un problème mineur, le doute vous prend et vous avez l'impression qu'il y a mille obstacles devant vous... C'est une angoisse diffuse qui vous assaille brutalement, sans motif objectif. Vous vous sentez tout à coup en difficulté pour prendre des décisions et repoussez indéfiniment les échéances. Vous devenez alors hargneux et injustement agressif vis-à-vis de certains collaborateurs, tant vous êtes inquiet. Vous leur reprochez tantôt de ne pas être assez actifs, tantôt d'être trop entreprenants. Un climat de défiance mutuelle s'instaure et la motivation de l'ensemble du personnel s'en trouve amoindrie pour quelque temps.

Toutes ces manifestations, qui se font à votre insu, sont désagréables à vivre pour vous et ont souvent des effets néfastes qui vont à l'encontre de vos objectifs, qui sont de convaincre, de motiver...

Le complexe d'infériorité est de loin le complexe le plus universellement partagé. Certains l'appellent un «trouble de l'auto-estimation». Ceci veut dire que le sujet s'apprécie mal sur une échelle de valeur : soit il se sous-estime, soit il se surestime. En réalité, ce que l'on nomme le «complexe de supériorité» n'est qu'une façon de vivre un complexe d'infériorité. L'individu s'efforce de paraître supérieur aux autres parce qu'il redoute de ne pas exister à leurs yeux et d'être infériorisé.

Nous verrons successivement comment cette peur s'identifie morphologiquement, puis comment nous pouvons progressivement l'enrayer.

Comment s'identifie cette peur

On peut conclure à la présence de ce complexe lorsque les trois récepteurs ne possèdent pas chacun les quatre mouvements, c'est-à-dire si les yeux, le nez et la bouche ne présentent pas simultanément des signes de rétraction, des signes de dilatation, des signes d'avancée et des signes d'abritement.

La peur aura une formulation différente d'un individu à l'autre. C'est en examinant les différents étages que nous pourrons l'apprécier. En effet, le motif d'infériorité se loge dans la partie du visage la plus rétractée ou la moins riche en mouvements.

Croquis 109.

• *Lorsque l'étage supérieur est plus petit que les deux autres* (109), ou que les yeux n'ont pas les quatre mouvements, l'individu craint, en présence d'autres personnes, de ne pas savoir, de ne pas comprendre, de ne pas avoir assez de culture...

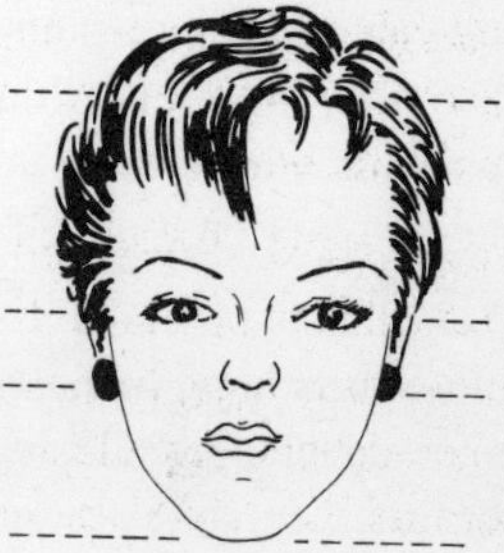

Croquis 110.

• *Lorsque l'étage moyen est plus petit que les deux autres* (110), ou que le nez n'a pas les quatre mouvements, l'individu redoute de ne pas être reconnu à sa juste valeur par autrui.

• *Lorsque l'étage inférieur est plus petit que les deux autres* (55), ou que la bouche n'a pas les quatre mouvements, l'individu a peur de ne pas arriver à réaliser, à concrétiser, à finaliser ce qu'il a comme projets...

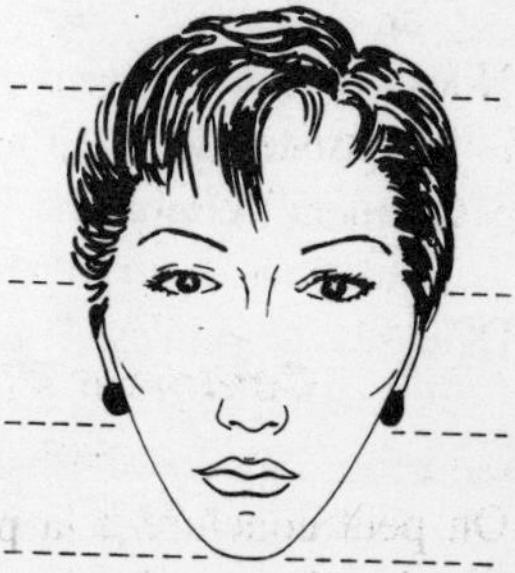

Croquis 55.

Comment faire de ce complexe votre meilleur allié

Cette peur ne traduit qu'exceptionnellement des carences qui existeraient chez l'individu. Il s'est inventé lui-même, face à des peurs qui émanent de son inconscient, un leitmotiv comme par exemple : «*Je ne suis pas à la hauteur intellectuellement*» ou «*Je suis incapable de concrétiser*».

En réalité, il n'est pas moins intelligent qu'un autre, il est tout aussi apte à réaliser... Par contre, la peur de ne pas être capable le paralyse, par moments, et l'empêche effectivement de déployer ses aptitudes. Ainsi, quand on ne réalise plus rien parce que l'on a constamment peur d'échouer, l'aptitude s'atrophie. On peut faire une analogie avec un muscle que l'on n'utiliserait pas ou peu. Il serait alors sous-développé.

En revanche, si on parvient à lever la peur, l'aptitude pourra se développer. Il s'agit, ni plus ni moins, de prendre confiance en soi et en ses possibilités. Différents principes président au développement de la confiance :

— *Acceptez de regarder vos points faibles et ne vous jugez pas pour autant.* Vous avez le droit de ne pas être bon partout et de vous sentir moins motivé pour certaines tâches. Si vous êtes manager, votre force vient de ce que vous vous faites assister de personnes qui vous sont complémentaires. Si votre point faible est la réalisation et que vous refusez de le voir, vous n'arriverez pas à déléguer convenablement. Déléguer ne consiste pas à se débarrasser d'une tâche qui vous ennuie. Si c'est ressenti ainsi par vos collaborateurs, ils en seront dévalorisés et ne prendront pas leur tâche à cœur. Si au contraire vous intégrez cette difficulté et la nécessité que cette fonction soit pleinement assumée par une personne, vous la confierez à quelqu'un qui s'en sentira pleinement investi.

— *Ne cherchez pas à cacher votre peur.* Plus vous cherchez à la dissimuler, plus elle vous habite et vous pousse à commettre des erreurs. Vous constaterez qu'en l'annonçant, d'une façon qui peut être humoristique, vous vous sentirez plus décontracté et vous gagnerez, de surcroît, la sympathie de vos interlocuteurs. Vous pouvez sans problème dire à un prospect que vous ne détenez pas cette information mais que vous pouvez très rapidement la lui fournir en consultant tel ou tel support. Les choses non dites sont souvent plus destructrices que ce qui est explicité.

C'est notamment vrai au sein d'une communauté de gens qui travaillent ensemble.

— *Prenez le temps de reconnaître et d'apprécier les performances positives que vous avez accomplies.* Vous avez réussi à convaincre un client «difficile», vous êtes parvenu à motiver un collaborateur peu coopérant jusqu'alors... Remémorez-vous la situation dans les moindres détails et analysez ce qui s'est passé. Ancrez-la en vous pour qu'elle vous serve de référence, notamment lorsque vous vous sentez en difficulté.

— *Considérez chaque «échec» comme une source d'enseignements et une étape vers l'objectif à atteindre.* Dites-vous que les échecs sont nécessaires pour vous structurer et développer vos projets. Ceci est tellement vrai que certains cabinets de recrutement américains s'intéressent en priorité à des candidats qui ont essuyé des échecs. Ils ont en effet constaté que ces derniers étaient mieux armés que les autres pour réussir. Sachez ainsi tirer de chaque échec tous les avantages qu'il peut présenter, notamment pour un recruteur.

— *Donnez-vous un programme de développement progressif, avec des objectifs réalistes.* En effet, bien souvent, on se trouve en situation d'échec car on a projeté des objectifs beaucoup trop ambitieux. Or, pour exercer une aptitude, il faut y aller progressivement, en se fixant des étapes accessibles.

— *Au moment de la réalisation, ne vous laissez pas obnubiler par l'idée de résultat à atteindre coûte que coûte,* n'ayant en tête que l'alternative réussite ou échec. Cette perspective, en vous stressant, ne vous permettra pas de déployer toutes vos aptitudes. Alors que si vous vous investissez à fond dans la joie de faire, vous serez beaucoup plus performant. C'est un principe que les athlètes de haut niveau connaissent bien.

Faire d'un complexe de culpabilité votre meilleur allié

A la base de la culpabilité, on trouve une peur de ne pas être parfait ou de ne pas être en règle. Cette peur naît de la confrontation avec vos principes.

Vous avez de fortes exigences personnelles et celles-ci vous honorent. Tant qu'elles contribuent à renforcer votre sens des responsabilités, tout va bien. Mais il arrive aussi qu'elles vous poussent à un perfectionnisme excessif. Vous êtes obnubilé par l'idée de bien faire. Vous redoutez le jugement d'autrui. Et, bien sûr, cette tension excessive vous amène de temps en temps à commettre les erreurs que vous redoutiez. C'est ce que l'on appelle un complexe de culpabilité. Ce phénomène peut prendre différentes formes suivant les situations :

— *Face à un prospect, vous appréhendez d'être pris en défaut de ne pas avoir suffisamment préparé votre dossier.* Vous craignez à l'avance d'être responsable d'un échec de la négociation. Vous redoutez qu'il ne découvre des erreurs que vous auriez pu faire. Tendu par cette perspective funeste, vous retenez votre spontanéité et «le courant» passe difficilement entre votre interlocuteur et vous. Redoutant d'être attaqué par l'autre, ou atteint dans votre amour-propre du fait qu'il aurait relevé un «défaut» dans votre présentation, vous avez tendance à vous défendre, voire à contre-attaquer. Les résultats ne se font pas attendre. Vous essuyez un refus de votre prospect et vous vous en sentez terriblement coupable.

— *Vous êtes manager. Vous voulez représenter une image de perfection vis-à-vis de vos collaborateurs et ne vous accordez aucune faiblesse, aucun état d'âme.* Vous considérez en effet que de tels comportements, signes de laxisme, sont inadmissibles de la part d'un responsable. Vous pensez aussi qu'un comportement irréprochable vous donne une plus grande autorité et vous permet d'imposer la même exigence à vos collaborateurs. Certains collaborateurs vous admirent pour ce qu'ils considèrent comme une «force de caractère». Si, par contre, ils s'aperçoivent un jour que vous n'êtes pas parfait, ils sont profondément déçus et ne vous respectent plus. Par crainte d'affronter votre courroux, chacun rejette la faute sur l'autre et beaucoup se démotivent.

La peur qui est à la base de ces conduites est liée à une instance de notre psychisme qui s'appelle le «Surmoi». Cette instance contient nos principes et nos valeurs. En nous donnant des règles de conduite, elle contribue normalement à nous rendre responsables de ce que nous faisons. Le sentiment de culpabilité que nous éprouvons lorsque nous avons transgressé des interdits est un garde-fou qui nous incite à reprendre une conduite raisonnable.

Le Surmoi est une sorte de boussole qui nous aide notamment à faire des choix en fonction de nos valeurs. Il se construit sur le modèle des parents qui punissent mais aussi récompensent lorsqu'il y a eu une conduite conforme à leurs attentes. Il contient ainsi à la fois des exigences et des encouragements. Mais il arrive souvent que ce dernier aspect soit quasiment absent alors que les exigences du Surmoi sont tellement sévères qu'elles nous empêchent de prendre le temps de vivre. Le Surmoi peut devenir un véritable tribunal qui condamne toute spontanéité et toute faiblesse. Nous craignons en permanence, de façon diffuse, de ne pas avoir bien fait et nous nous faisons souffrir nous-mêmes en pensant que, peut-être, nous le méritons.

Comment s'identifie cette peur

Lorsque les règles contenues dans le Surmoi sont sévères, on parle d'un Surmoi rigide. Mais on ne peut conclure à une peur permanente d'être coupable, donc à un complexe de culpabilité, que si l'instance qui est censée jouer le chef d'orchestre de la personnalité et tenir tête au Surmoi n'est pas en mesure de jouer pleinement son rôle. Il s'agit du Moi. Celui-ci s'identifie aux récepteurs. Sa force est fonction de la richesse en mouvements des récepteurs. Quand les trois récepteurs ont chacun les quatre mouvements, le Moi est au maximum de sa force et tient tête au Surmoi. Lorsque certains mouvements sont absents, le Moi est plus vulnérable aux pressions exercées notamment par le Surmoi.

Sur le plan morphologique, le Surmoi se déduit de la proportion récepteurs / cadre et de la forme du front. Nous poserons le diagnostic d'un Surmoi rigide dans trois types de configurations :

- *Les récepteurs* (au minimum deux, dont les yeux) *sont petits par rapport au cadre* : le sujet est attaché à un certain nombre de principes qui lui sont très personnels (65).

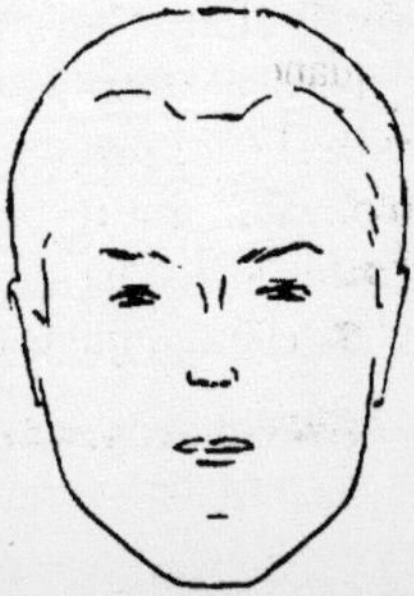

Croquis 65.

• *Les récepteurs* (au minimum deux, dont les yeux) *sont rétractés et abrités* : le sujet a tendance à beaucoup exiger des autres et à se focaliser sur les erreurs commises (15).

Croquis 15.

Croquis 111.

• *Le front présente une pente verticale* : le souci de la perfection peut engendrer la peur d'être pris en défaut et une certaine forme d'anxiété (111).

Comment faire de ce complexe votre meilleur allié

La difficulté vient de ce que certains de vos principes étouffent votre être profond et entravent la spontanéité de votre communication avec autrui. Votre premier travail va consister à faire l'inventaire de ces principes et à les observer quand ils sont à l'œuvre dans votre vie quotidienne. Ensuite, il vous faudra renforcer les aspects positifs de votre Surmoi, ceux qui reconnaissent les efforts fournis, les progrès réalisés... Ainsi, nous vous proposons un certain nombre de démarches conjuguées.

— *Réalisez que vous n'avez pas besoin d'être parfait pour*

mériter l'estime d'autrui. Vous constaterez même que les autres vous en trouveront plus humain.

— *Permettez-vous de vous faire plaisir, de vous donner à vous-même des moments agréables pour vous recharger.* L'efficacité de votre travail n'en sera que meilleure lorsque vous aurez pu vous relaxer.

— *Félicitez-vous pour ce que vous avez fait de bien.* Ainsi, vous serez capable d'en faire autant pour autrui. Or, nous avons vu, dans le chapitre *Convaincre vos collaborateurs*, que le fait de faire des compliments justifiés à des collaborateurs constitue un puissant levier de motivation. Ainsi, même l'efficacité du travail en sera améliorée.

— *Exercez-vous, dans chaque situation et dans chaque personne, à voir les aspects positifs.* Vos relations avec autrui deviendront plus conviviales.Vous gagnerez ainsi de nouveaux clients et vous donnerez envie à vos collaborateurs de poursuivre leurs efforts.

— *Demandez-vous quelles sont vos valeurs aujourd'hui* et essayez de faire le tri de vos principes en fonction de ces valeurs, ne gardant que ceux qui ont effectivement un sens, pour vous, à ce jour.

Faire de la peur d'être «mal aimé» votre meilleure alliée

L'aspiration à aimer et à être aimé est universellement partagée. L'amitié et l'amour constituent des valeurs très importantes qui sont parfois à l'origine d'actions altruistes remarquables. Quand un lien d'amitié nous relie à une autre personne, nous avons le souci de l'entretenir. Si cette personne «coupe les ponts» unilatéralement, nous le vivons douloureusement, la plupart du temps. Il arrive cependant que ce souci de conserver l'amitié d'autrui devienne tellement omniprésent qu'il nous empêche de prendre des décisions justes, qu'il nous perturbe dans l'exercice de nos responsabilités. Nous n'agissons plus que dans la perspective d'être aimés et nous n'osons pas dire non à certaines personnes, de peur d'être haïs par elles. Cette peur latente de perdre l'amour d'autrui, lorsqu'elle motive l'essentiel des actes d'un individu, s'appelle le «complexe d'abandon».

Les manifestations en sont diverses.

— Un prospect vous demande de lui accorder des conditions qui vous pénalisent fortement. Pour garder son estime, vous n'osez pas les lui refuser et vous vous mettez dans une situation inextricable où finalement vous perdez de l'argent au lieu d'en gagner.

— Un prospect vous critique, un recruteur vous dit que vous ne faites pas l'affaire, vous vous sentez rejeté et bon à rien. A l'inverse, on vous félicite chaleureusement, vous êtes prêt à accorder «le bon Dieu sans confession» à cette personne, au risque de vous léser vous-même.

— Vous dirigez une équipe de personnes. Vous vous sentez totalement remis en question quand vous apprenez qu'on vous critique de façon détournée. Lorsqu'un conflit éclate entre des personnes de votre service, vous écoutez l'une, vous écoutez l'autre. Vous vous sentez mal d'avoir à trancher car vous craignez de vous faire un ennemi.

Comment s'identifie cette peur

Le complexe d'abandon, qui est cette crainte permanente et diffuse de perdre l'affection de l'autre, s'identifie dans la configuration suivante : deux récepteurs présentent une forte projection en avant.

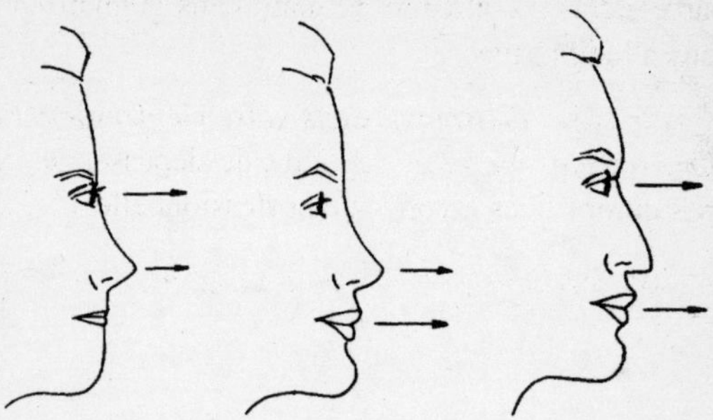

Croquis 112 *: Deux récepteurs en avancée.*

Comment faire de ce complexe votre meilleur allié

Les valeurs contenues dans ce complexe — l'amitié, la solidarité — sont à garder précieusement. Par contre, nous vous proposons, pour que ces valeurs puissent pleinement se déployer, de vous donner d'abord à vous-même cette amitié.

— *Observez vos réactions* face aux différentes personnes que vous côtoyez. Apprenez progressivement à faire la différence entre ce que votre fonction exige de vous et ce que vous êtes. Réalisez que, lorsque vous êtes confronté à un refus, ce n'est pas votre personne qui est rejetée mais ce que vous représentez à un moment donné.

— *Cultivez une activité personnelle qui vous recharge*, un loisir qui vous permette de rentrer en contact avec vous-même et vous fasse du bien.

— *Apprenez à vous protéger et à dire non à autrui par respect pour vous-même.* Quand vos «non» seront des vrais «non», vos «oui» seront de vrais «oui» et auront encore plus de valeur. Quand vous serez ainsi capable de trancher les conflits au sein de votre équipe, vous serez peut-être détesté par certains à court terme, mais vous gagnerez l'estime de tous à long terme.

— *Essayez de trouver dans votre vie personnelle un équilibre affectif* qui vous permette de dépasser les inévitables frustrations liées à votre vie professionnelle.

◆ *Ainsi, votre force de conviction peut croître si vous le décidez. Votre personnalité ne peut être statique pour la bonne raison qu'elle doit perpétuellement s'adapter à un monde qui change sans arrêt. Les différentes situations que vous rencontrez vous révèlent de multiples facettes de vous-même. Votre croissance passe par une meilleure intégration de tous ces aspects de votre personnalité, dont chacun doit pouvoir trouver droit de cité en vous.*

CONCLUSION

Notre exploration de l'art de convaincre par la morphopsychologie s'achève. Vous avez désormais entre les mains un outil qui vous permet de mieux convaincre vos clients, vos collaborateurs, votre recruteur. Il vous faudra, certes, encore beaucoup de pratique pour bien le maîtriser. Vous êtes également en mesure, par cette méthode, de faire grandir votre force de conviction personnelle.

Vous avez pu constater que l'art de convaincre nécessite une grande attention à l'autre, pour le comprendre. Cette pratique nous oblige à faire tomber nos préjugés et nos schémas préconçus et favorise ainsi des relations plus authentiques.

Vos interlocuteurs attendent de vous des avantages bien différents : conseils, services, gains financiers, encadrement, encouragements, bien-être... Cependant, ils ne se laisseront finalement convaincre que s'ils peuvent avoir confiance en vous. Ils ne seront confiants que si vous observez au moins les trois recommandations suivantes :

- Vous respectez leur individualité.

- Vous renoncez à la tentation de les manipuler.

- Vous souhaitez sincèrement leur apporter quelque chose.

En un mot, si vous les aimez.

Ces principes résument d'ailleurs les bases de notre code de déontologie.

Nous nous permettons, à ce propos, de vous rappeler l'existence de dispositions spécifiques au recrutement des salariés. Vous ne pouvez utiliser une technique de recrutement, notamment la morpho-psychologie, sans en informer votre candidat (loi n° 92-1446 du 31 décembre 1992 qui complète les dispositions du Code du Travail).

La morpho-psychologie est un outil qui vous permet d'affiner votre intuition et de la rendre plus rigoureuse. Son introduction dans le monde de l'entreprise s'inscrit dans un vaste courant de pensée qui vise à réhabiliter l'intuition dans les méthodes de management. Un nombre de plus en plus important de managers, dans le sillage de Meryem Le Saget (voir Bibliographie), prônent la nécessité de réconcilier raison et intuition, au sein même de l'entreprise, afin de créer un monde du travail qui soit davantage à la mesure de l'homme. C'est dans cet état d'esprit que cet ouvrage a été rédigé.

Si nous avons volontairement limité notre sujet à quelques applications, beaucoup d'autres peuvent être utilisées. Citons quelques domaines d'application plus spécifiques :

- **Les créateurs d'entreprises**, qui veulent avoir les maximum d'atouts pour réussir peuvent avoir recours à la morpho-psychologie pour connaître leurs points forts et leurs points faibles et prévenir ainsi des incidents de parcours, souvent fatals à d'autres. Ils s'en servent aussi, le cas échéant, pour choisir un associé qui leur soit complémentaire.

- **Les professions de contact** — relations publiques, métiers de la mode et de l'esthétique, tourisme, hôtellerie...— y ont recours pour comprendre plus rapidement les attentes des personnes qui font appel à elles et y répondre de façon plus adaptée.

- **Les professions de conseil** — conseillers d'orientation, conseils en évolution de carrière, conseils en marketing... — l'utilisent comme outil de diagnostic et peuvent, de plus, trouver plus vite le langage qui convient à la personne.

• De nombreuses personnes des **professions de santé** — médecins, kinésithérapeutes, infirmières, orthophonistes... — l'utilisent pour pouvoir mieux comprendre et aider la personne, au-delà de son symptôme.

• **Les éducateurs, les enseignants**, qu'ils s'adressent à des jeunes ou à des moins jeunes, peuvent proposer des méthodes d'apprentissage adaptées à chaque personnalité. Les parents peuvent aussi mieux guider leur enfant et l'aider à devenir autonome.

• De nombreuses **personnes en recherche d'orientation** ou en mutation professionnelle y ont recours pour mieux connaître leur potentiel et être mieux à même de trouver leur voie.

• Cette méthode permet aux **praticiens en psychologie et psychanalyse** d'avoir plus rapidement un diagnostic de la personnalité très précis.

• La morpho-psychologie constitue aussi un outil de **développement personnel**. Elle intéresse tous ceux qui souhaitent faire le point sur eux-mêmes et prendre en main leur évolution. Un outil de diagnostic a été élaboré à cet effet, permettant d'identifier sept sources de motivations conscientes et inconscientes et leurs interférences. La méthode est développée dans *Se connaître par la morpho-psychologie*, Marabout, 1995, du même auteur.

Apprendre à maîtriser l'art de convaincre

La méthode s'enseigne dans le cadre de l'Institut de Morpho-Psychologie Appliquée (IMPA), 138, rue du Maréchal Foch, 95150 Taverny. Tél. : 01 39 32 98 39.

Les formations ont lieu à Paris et en région parisienne.

L'Institut propose :

- Une initiation à l'art de convaincre, sous la forme de deux journées consécutives, suivie de séances d'approfondissement à la carte.

- Des formations en entreprise, qui peuvent intégrer conjointement plusieurs thèmes : la négociation, la communication, le teambuilding, la détection des aptitudes, la formation...

L'Institut assure aussi d'autres formations :

- La formation approfondie, intitulée *L'Homme et son Visage*, en trois cycles successifs, qui permet de préparer le Diplôme de morpho-psychologue. Les cycles se déroulent selon différentes formules : une journée par mois, une soirée par semaine ou une semaine d'affilée.

- Des journées à thème ouvertes à tous ceux qui ont suivi, au moins, le stage d'initiation, par exemple : *Faire d'un complexe votre meilleur allié*, ou *Le visage vous parle, trouvez les mots pour le dire...*

BIBLIOGRAPHIE

Ouvrages cités :

• Gérard MULLIEZprésente et commente l'ouvrage de Richard WHITELEY *La Dynamique du client*, Maxima, Laurent du Mesnil Editeur, 1995.

• Meryem LE SAGET, *Le Manager intuitif*, Dunod, 1992.

Ouvrage conseillé pour approfondir la méthode :

• Brigitte GUTHMANN, *Se connaître par la morpho-psychologie*, Marabout, 1995.

Du même auteur :

• Georges BILLARD-MADRIÈRES & Brigitte GUTHMANN : *Le Visage, voie royale vers l'inconscient*, Editions Montorgueil, 1992.

TABLE DES MATIÈRES

Introduction 7

CHAPITRE 1 : LE VISAGE,
SUPPORT DE L'ART DE CONVAINCRE

1. Comment s'observe un visage ? 14

2. Les récepteurs, portes d'entrée de la personnalité 18

Les 4 mouvements aux récepteurs
et leur signification 20

L'observation de face 21

L'observation de profil 24

Conclusion 27

Les fonctions respectives des 3 récepteurs 29

3. Le cadre, réservoir des besoins profonds 32

Les 4 mouvements au cadre
et leur signification 34

L'observation simultanée
de face et de profil 34

L'observation de profil 37

EXERCICE 1 39

Les 3 étages, leurs fonctions respectives
et leur dynamique 40

La fonction de chaque étage 40

La dynamique des étages 42

EXERCICE 2 45

4. Les messages contradictoires récepteurs / cadre : la vigilance s'impose ! 46

La tendance réagissante 46

La tendance concentrée 48

La tendance pendulaire 49

La tendance pendulaire inversée 50

EXERCICE 3 51

5. Le modelé des chairs, révélateur des tensions 52

Le modelé tonique 52

Le modelé maigre 52

Le modelé rond 53

6. Conclusion 55

CORRIGÉ DES EXERCICES 1, 2 ET 3 56

CHAPITRE 2 :
CONVAINCRE VOS PROSPECTS

1. L'approche de votre prospect : comment gagner sa confiance 59

Observer ses récepteurs 59

Observer les tendances 63

Comment vous préparer au premier contact

avec votre prospect 66

2. Convaincre votre prospect par une argumentation «sur mesure» 68

Préparer vos listes d'arguments de vente 68

Choisir vos arguments «sur mesure» 73

Epouser la synthèse des motivations de votre prospect 74

EXERCICE 4 75

Trouver la preuve la mieux adaptée 76

3. Conclure l'entretien 79

4. Répondre aux objections 86

EXERCICE 5 90

5. Etude du cas de la société Dupont 91

Première étape : gagner la confiance des prospects 93

Deuxième étape : convaincre les prospects 97

Troisième étape : conclure l'entretien de négociation 100

CORRIGÉ DES EXERCICES 4 ET 5 100

CHAPITRE 3 :
CONVAINCRE VOTRE RECRUTEUR

1. Préparer votre entretien de recrutement 103

2. Gagner la confiance de votre recruteur 106

3. Convaincre votre recruteur par une argumentation «sur mesure» 110

4. Conclure votre entretien de recrutement 116

CHAPITRE 4 :
CONVAINCRE VOS COLLABORATEURS

1. Les différentes étapes pour convaincre vos collaborateurs 122

Tenir compte des a priori de vos collaborateurs 122

Les difficultés du dialogue 122

Pourquoi tenir compte des a priori ? 124

Instaurer un dialogue constructif 124

EXERCICE 6 126

Argumenter en vous appuyant sur les besoins de vos collaborateurs 127

Conclure 131

EXERCICE 7 133

2. Soutenir la motivation de vos collaborateurs 136

Valoriser et encourager 137

Les 4 mouvements aux récepteurs et au nez et leur signification 137

Les muscles zygomatiques et leur signification 141

Pratiquer la délégation «sur mesure» 143

Applications pratiques 145

CORRIGÉ DES EXERCICES 6 ET 7 148

CHAPITRE 5 :
DEVELOPPER VOTRE FORCE DE CONVICTION

1. «Connais-toi toi-même» .153

Connais tes a priori 154

Connais tes besoins profonds 155

Les besoins reflétés par votre cadre 156

Les besoins réflétés par vos étages 162

2. Connais ton potentiel et tes aptitudes 165

Vos aptitudes intellectuelles 165

Les différentes parties du front 165

Les 4 mouvements au front et leur signification 167

L'incidence des mouvements aux yeux 177

L'incidence des tendances à l'étage supérieur 178

Vos aptitudes de réalisation 181

Les 4 mouvements à l'étage inférieur et leur signification 182

L'incidence des mouvements à la bouche . . .188

L'incidence des tendances à l'étage inférieur 188

L'incidence du modelé des chairs à l'étage inférieur 190

Passer de la conception à la réalisation 192

Développer des aptitudes complémentaires 194

3. Lève tes obstacles à la communication 198

Faire d'un complexe d'infériorité
votre meilleur allié 199

Faire d'un complexe de culpabilité
votre meilleur allié 204

Faire de la peur d'être «mal aimé»
votre meilleure alliée 208

Conclusion 213

Bibliographie 217

Table des matières 219

IMPRIMÉ EN FRANCE PAR BRODARD ET TAUPIN
1834R-5 - Usine de La Flèche (Sarthe), le 07-02-1997.

pour le compte des
Nouvelles Éditions Marabout
D.L. février 1997/0099/38
ISBN : 2-501-02471-0